神話叢書
MYTHOLOGY SERIES

ことばと呪力

ヴェーダ神話を解く

川村悠人●著

晶文社

ブックデザイン●美柑和俊

ことばと呪力——ヴェーダ神話を解く◉目次

第3章　ヴェーダ神話集その三――運命を引きよせる名前　215

はじめに

本書は、古代インドのヴェーダ神話の中から、ことばの力や名前の力がある一定の役割を果たしている神話を選んで紹介し、同時に私なりの考察を行っていこうとするものです。その過程で、日本においてあまり馴染みのないヴェーダ神話というものを取り巻くさまざまな要素についても丁寧に解説していきます。

本書が想定している読者は、専門家であるかどうか、研究者であるかどうかを問いません。「専門知を一般へ」という標語のもと、できるだけわかりやすいことばで書いています。ぜひ気軽に手にとって読んでみてください。見たことも聞いたこともない世界への扉が開くかもしれません。また、その開いた扉の先の世界が、実は現代の私たちの世界と重なり合うものであることにも気づかれるかもしれません。

本書の構成について簡単に述べておきます。

序章では、まず、**ことばの力を発揮する呪文**というものについて、古代インドとは異なる地域の文化からも例を引きながら、その概要を見ていきたいと思います。次に、本書の対象となる古代インドのヴェーダ文献とヴェーダ神話というものについて概説した後、ことばとことばの力というものが古代インドのヴェーダ文化の中でどのようなものとして理解されていたのかを略述します。

その後、本書の第1章、第2章、第3章ではことばの力に関わる実際のヴェーダ神話の紹介と考察を行って、ことばの力の現れ方をおさえていきます。

まず第1章では、人が発声したことばの内容通りに事が実現することを描く神話群を見ます。続いて第2章では、ことばが何らかの対象を物理的に打ちのめす、または破壊することを描く神話群を扱います。そして第3章では、ことばの中でも人物の「名前」に焦点をあてて、名前というものをめぐるさまざまな観念を素描した後、そのような名前の力が鍵となっている神話群を取りあげたいと思います。そして終章では、本書でなした紹介や考察をもとにし、現代社会におけることばというものについて私なりに総括してみます。

もちろん、本書で扱う神話がことばや名の力に関わるヴェーダ神話のすべてではありません。今後もし機会があれば、ここでは扱わなかった神話群もぜひ取りあげてみたいと思います。また、私はインド古典学と言われる分野に属する研究者なのですが、本分野のことを少しでも知っていただけたらという想いのもと、主に日本語による本分野の研究成果を、話に関係する範囲内で気の向くままに書き留めています。これが読者の皆さんにとってさらなる読書案内となることを期待します。

序章

ことばの呪術と古代インドの言語文化

1 呪術について

呪文とはなにか

序章では、まず、ことばの力が宿る呪文というものに目を向けてみます。そしてその上で、本書の対象となるヴェーダ神話を残してくれた古代インドの言語文化について概観していこうと思います。

さて、そもそも呪文とは何でしょうか。『広辞苑』の最新版（第七版）を開いてみると、より広い意味として次のようなものが与えられています。

呪術の最要部を成す唱文。一定の手続きの下で唱えると、自然力あるいは神や人間の行動を積極的に統御できると考えられる文句。

ここには、呪文というものを特徴づける概念が与えられています。「呪術」、「唱文」、「一定の手続きの下で唱える」、「自然力あるいは神や人間の行動を積極的に統御できる」です。まずは「呪術」です。呪文とは呪術にとって最も肝要な要素であると右では言われています。

しかし、まずもって呪術とは何なのでしょうか。呪術にはどんな種類があるのでしょうか。その話から始めたいと思います。

呪術とその種類

呪術とは、ごく簡単に言えば、何か目に見えない超感覚的な存在や力を操作することで、意図した諸々の現象を引き起こそうとする行為と言えます。この「何か目に見えない超感覚的な存在や力」とは、私たちに馴染みのあることばでは「神々やエネルギー」などと言い換えてもいいでしょう。再び『広辞苑』を紐解いてみると、呪術とは「超自然的存在や神秘的な力に働きかけて種々の目的を達成しようとする意図的な行為」とされています。「超自然的存在」とは、私たちが普段生活している場とは別の領域に属する神々や精霊などといった存在のことであり、その次にある「神秘的な力」というのが俗に言う「エネルギー」であると考えてよいでしょう。

このような呪術にはどのような種類があるのでしょうか。分類の仕方にはいろいろあると思います。一つの分類方法は、呪術が相手に悪しき結果をもたらそうとするものか、それとも良き結果をもたらそうとするものかという、呪術を実践する術者の意図の点から、それを二種類に分類するものです。具体的に言えば、前者は相手に危害を加えようとする呪術であり、**黒呪術または黒魔術**と言われます。後者は、病気の治癒などといった好ましい結果をもたらそうとするもので、**白呪術または白魔術**と呼ばれます。またまた『広辞苑』に登場してもらうと、黒呪術の方は邪悪な意図によるもの、白呪術の方は善意の意図によるものとされていて、これから呪術を行おうとする術者の意図がどちらを向いているのかが、その呪術の黒白を分ける基準として設定されていることがわかります。

現代のロールプレイングゲーム（RPG）に慣れ親しんでいる読者なら、ゲーム中で黒魔法や白魔法と呼ばれるものを思い浮かべてもらえればわかりやすいでしょう。国民的な人気を誇る「ドラゴンクエスト」シリーズから例を出すと、敵を炎で焼き尽くす魔法メラゾーマは黒魔法であり、すべての仲間の傷を完治させる魔法べホマズンは白魔法です。

もう一つ、よく知られた呪術の分類方法があります。それは呪術の実践の仕方を基準にした分類方法で、イギリスの高名な人類学者ジェームズ・フレイザーが主著『金枝篇』の中で論じたものです。この分類方法のもとでも、やはり呪術は二種類に分けられます。一つは**類感呪術または模倣呪術**と呼ばれるもので、もう一つは**感染呪術**と呼ばれるものです。これら二つの呪術については、丸善出版から刊行されている『宗教学事典』に端的でわかりやすい説明があるので、引いてみます［1］。

フレイザーによれば呪術を支える原理は大別すると二種類ある．一つは類似の原理と呼ばれるもので，似たものは似たものを生むという原理である．つまり，ある結果が起きてほしかったら，あらかじめその結果に似た行為をすればいいという論理である．農耕社会で雨が必要なら，降雨に似たような行為つまり水を散布するなどの行為を行うという儀礼がこれにあたる．このタイプを類感呪術または模倣呪術という．二つ目の原理は接触の原理である．この論理は，かつて接触したものは接触がなくなって，今は遠くに離れていても，両者は影響し合うというものである〔2〕．つまり，狩猟に出かけ，動物の足跡を見つけた場合，その足跡に矢を射ることで，先を行く動物にも危害を与えることができるとする例である．この原理に基づく呪術を感染呪術とフレイザーは呼んだ．

呪術と聞くと、現代の私たちには遠い存在のように感じるかもしれませんが、この後でもたびたび触れるように、**私たちは知らず知らずのうちに多くの呪術を実践しています**。たとえば、日本では翌日の晴天を願って軒下などにてるてる坊主（照る照る坊主）を吊るす習慣があります。この行為は、フレイザーの二分類でいくと、類感呪術（模倣呪術）にあたります。てるてる坊主は太陽を模したものです。人がてるてる坊主を高い場所に吊るす行為は、太陽と類似したものを高く掲げることによって本物の太陽の出現を引き起こそうとする呪術行為なのです。

またたとえば、これは現代で実践している人はそういないと思いますが、夜な夜な藁《わら》人《にん》形《ぎょう》に釘を打ちつける行為も類感呪術にあたります。ここでは、危害を加えたい相手と藁人形が同一視されています。藁人形を傷つけることで、同じ人型をした相手にも実際に何らかの損傷が起こることを狙っているのです。もしこの藁人形に、危害を加えたい相手の衣服の一部でもつけて、その上から釘を打ち込んだとするならば、どうなるでしょうか。それは類感呪術と感染呪術の複合型の呪術となり、おそらくその威力は二倍となるでしょう。

ことばを使う呪術

ここで一つ注意しておくべきことがあります。

それは、世界に存在している多様な呪術のすべてがフレイザーによって論じられた二種類の呪術に分類可能なわけではない、ということです。これは私たちの身近な例を考えればわかります。たとえば、神社やお寺を訪れた際、目を閉じ手を合わせて何かを祈願したことがある人は多いでしょう。大人になったらあまりやらなくなりますが、子どもの頃には七夕の日が来ると短冊に願い事を書いて木に吊るしたことでしょう。あるいは、膝を擦りむいて泣き止まない子どもに親が「痛いの痛いの飛んでいけ〜♪」と言っているのを実際に、あるいはテレビの中などで、見たことがあるかもしれません。

これらはすべて、何か目に見えない力に頼って望ましい結果を引き起こそうとしているという意味で、立派な呪術行為です。しかし、右に見てきた類感呪術や感染呪術の例とは明らかに異なる点が一つあります。それは、いずれも**ことばを利用した呪術**であるということです。

神社やお寺での祈願は通常、頭の中でことばを使ってなされるものです。短冊による祈願では、書かれたことばが使われます。母親が子どもの痛みを消そうとする呪術では、声に出して発せられたことばが使われています。頭の中でつぶやかれることば、文字として書き出されることば、声に出して発せられることばは、かたい言い方をすれば、それぞれ心的言語、文字言語、音声言語と言われます[3]。

これら三種のことばを利用した呪術行為が、実は今の世の中にもあふれているのです。願望の実現を念じながら心中であるいは実際に発する形でことばを使用して何らかの事柄を表白する行為は、**意志呪術**と呼ばれることがあります。

先ほど「呪文」について『広辞苑』を参照したとき、呪文が「唱文」と言い換えられているのを見ました。呪文は、文字通り、呪術に使われる文なのですが、それは特に「唱文」、つまり声に出して唱えられる文だとされているのです。右に述べたことばの三分類でいくと、これは声に出して発せられることばにあたります。このように、呪術を行うとき一定の効果をもたらすべく現に発声される文句というものが、「呪文」の狭い意味となります。「発声される」という限定をつけずに、何であれ呪術的な行為の中で使われる文という広い意味でとれば、頭の中で考えられた文も文字に書かれた文も「呪文」と呼ぶことができるでしょう。

　これら三種のことばからなる呪文のうち、声に出して唱えられる呪文とそのような呪文の力というものが本書の主題ですが、せっかくなので頭の中で考えられたことばを使う呪術、文字に書かれたことばを使う呪術についても見た上で、主題である声に出されたことばを使う呪術へと移っていきましょう。

　これら三種の呪術の話に入る前に、「呪文」の特徴をもう一つここで述べておきたいと思います。それは「呪文」ということばに「文」という字が入っていることからもわかるように、**呪術を行使することばは原則として文章の形をとる**ということです。ことばが文をなすということは、文の核となる動詞形を、明示的にであれ暗示的にであれ、そのことばは必ず含んでいるということです。

　何でもいいので各自で願い事というものを思い描いてみてください。そこには必ず何らかの行為に言及する動詞形が存在しているはずです。「われに力を！」などのように、修辞的に動詞形を省略する場合ももちろんありえますが、そこには「与えよ」などの動詞形が暗に意図されています。そうでなければ、文の意味が完結せず、実現を期待する内容がぼやけたままになってしまいます。

　古代インドの大叙事詩に『マハーバーラタ』というものがあるのですが、その一場面、とある仙人が発する呪文の中でことばの力がまさに「わが文の力」と表現されている箇所があります[4]。ちなみに、インドのサンスクリット文法学派の理論によると、呪文に限らず、人間が使用することばは必ず文章の形をとる、つまり必ず何らかの動詞形を含むとされています。この理論のもとでは、純粋に名詞形だけからなる文というものは存在しないことになります。「牛!」という、一見すると名詞形だけから成り立っているように思える発話にも、「[牛]がいる!」などの動詞形が発話の状況から常に補われるのです。

それでは、三種のことばを使う三種の呪術について、順番に見ていきましょう。

心で考えられたことばを使う呪術

何かをことばで思考することによって、その内容の実現をもたらそうとする呪術の典型は、先ほどから例として出している寺社での祈願に見ることができます。日本の漫画作品『BLEACH』(ブリーチ)には、想像(思考)した通りの内容を現実化させる能力を持つ少年グレミィが登場しますが、彼もまたこの言語呪術の使い手と見なすことができるでしょう。最後は、自分の体が耐えられる限界以上のものを想像してしまい、自壊します[5]。

ここで、次のように思われる読者もいるかもしれません。頭の中で思考された内容はことばとは無関係ではないか、と。たしかに、ことばと対象の対応関係を未だ学んでいない赤ん坊の場合には、ことばの介在を欠いた概念形成が可能であることを現代の認知心理学は明らかにしており、中世インドの仏教哲学も同じ立場をとっています。

しかしながら、人類が言語というものを獲得して以来、人がことばと対象の対応関係を習得して言語活動の世界に慣れ親しんだ段階では、頭の中で何かを思考する際にことばを介在させないことは不可能でしょう。たとえば、りんごを「りんご」ということばを介在させずに「りんご」として思考すること、りんごの観念を喚起することは不可能のように思います。禅の教えは、たとえばことばによって対象を「りんご」として概念化することなくその対象を「りんご」として特定するような姿勢を要求しますが、そのような対象の見方は日常生活を送る一般人には不可能です。

その一方で、ある高名な認知心理学者によりますと、ことばと対象の関係を習得した大人の場合にも、ことばを欠く思考のみで何らかの概念操作を行うことはあるようです。しかし、その議論の中で挙げられる例を見ると、私にはやはり言語が介在しているように思えます[6]。参考までに、ことばと思考内容(認識)は一体となって現れることを宣言する中世インドの言語哲学者バルトリハリ(五世紀)の言明を引いておきましょう。彼はその主著『文章単語論』の中で次のように断言しています[7]。

日常世界では、ことばが随伴せずに起こる認識は存在しない。
すべての認識はことばによって貫かれているかの如くに現れる。

（『文章単語論』一・一三二）

このように考えてくると、右にあげた寺社での祈願やグレミィの技といった例は、まさに思考された心的なことばを前提としており、そのようなことばの力によって一定の結果を引き起こそうとする呪術として理解することができます。頭の中で考えた内容通りのことを実現する能力などというものは、神の領域に属するものかと思いますが、実際、ソクラテス以前の哲学者の一人クセノパネス（紀元前六世紀から紀元前五世紀）が想定する神は、まさに思惟の力のみによって物事を動かすような神です。

思考した内容をそのまま実現するという形のものではありませんが、何かしらの精神活動が目に見えない力を通じて一定の結果を生むという考えは、本邦で馴染みの深い仏教にもあります。人がなす行いのことを仏教用語で業《ごう》と言います。サンスクリット語（古代インドの言語）のカルマンが漢訳されたものです。

人がなす行いには身体によるもの（身業《しんごう》）、ことばによるもの（口業《くごう》）、心によるもの（意業《いごう》）の三種があり、合わせて三業と言われます。人がこれら身口意《しんくい》の業をなすと、それが善い行いであるか悪い行いであるかにかかわらず、知覚不可能なある力を必ず生み出します。どこかに潜んでいる力という意味で、インド哲学・仏教学の分野ではよく「潜勢力《せんせいりょく》」という表現が使われます。業から生み出されることから、この潜勢力もまた業と呼ばれます。

私たちの日々の行為からこの潜勢力が蓄積されて、その蓄積された力が死後、人の行き先を決定するのです。善行を積んで善い潜勢力を貯めておけば次の世で善い境遇を得られるし、悪業を積んで悪しき潜勢力が溜まっていれば次の世で悪い境遇を得ることになります。これら三つの行いのうち、心による意業は、心で何かを考える行為であり、すなわち心的なことばで何かを思考する行為です。心的な言語の使用が何らかの結果を産出する原因の一つとなっているのです。

文字に書かれたことばを使う呪術

洞窟に描かれた壁画類を、何らかの規則性にのっとって意味を表わしたある種の文字（神話文字）と見るならば、現存最古の「文字」は約三万年前のフランスに残された動物壁画であると言われています。その後、人類は実に多様な文字を生み出してきました。未だ解読に至っていない（あるいは解読案は提出されていても万人の承認を得るには至っていない）文字も世の中にはあります。

たとえば、紀元前一八世紀から紀元前一五世紀頃までギリシアのクレタ島で用いられていた線文字A、紀元前二六〇〇年から紀元前一九〇〇年頃に古代インドのインダス文明で用いられていたインダス文字などです【図1】。解読されていない文字は古代のものばかりではなく、たとえば、一五世紀前半に製作されたと考えられているヴォイニッチ写本の文字も未だ解読には至っていません【図2】。また現代でも新たな文字は創作されています。

言うまでもなく、文字はことばを書き記すためのものです。文字をもって書かれたことばに力を認め、そのような書かれたことばの不可思議な力によって何かしらの目的を達成しようとするとき、それは**文字の呪術、書かれたことばの呪術**となります。呪いのことばを書き込んだ呪物をこしらえて定置する行為は、書かれたことばの呪術を例証する典型的な形です[8]。心的言語を「内的なことば」と呼んでいいのなら、書かれた文字としての言語と次節で見る発声された言語は「外的なことば」と言えるでしょう。

書き込まれたことばの力によってその内容の実現をもたらそうとするのが今問題にしている呪術なのですが、ことばの内容をそのまま実現するというわけではなく、とにかく書かれた文字の特別な力によって何らかの効果が見込まれる場合もあります。

日本の仏教はインドで誕生した大乗仏教がもとになっ

【図1】インダス文字が記された印章

【図2】ヴォイニッチ写本の一部

ていて、その大乗仏教の経典が日本に多く伝わっています。そのような大乗経典の一つとして『法華経』がありますが、この『法華経』を書写すると功徳が得られるという考えは、文字の特別な力を前提としたものです。

本邦でよく知られた小泉八雲の怪談「耳なし芳一」の中で、芳一の姿を平家の怨霊に見えなくするため和尚が芳一の全身に書き込んだのも、やはり大乗経典の一つ『般若心経』でした。しかし、芳一の耳の部分には経典のことばを書き込むのを忘れていたため、芳一の耳は怨霊に見つけられて削がれてしまいます。

これらの例では、『法華経』や『般若心経』で説かれている内容が、それらを書写したことばの力によって実現されるというわけではありません。しかし、この書かれたことばの力が経典の内容とまったく無関係であるというわけでもありません。これら経典のことばが力を持つと考えられたのは、そこにありがたい教え（内容）が説かれていたからに違いないからです。

仏教には縁起法頌《えんぎほうじゅ》と呼ばれるものがあって、それは世界の事実を解き明かしたありがたいことばなのですが、この縁起法頌は碑文に刻まれて仏塔に安置されたり、仏や菩薩の台座に刻まれたりして崇拝を集めました。縁起法頌に不可思議な力が認められたのも、それの説く内容（四聖諦《ししょうたい》あるいは縁起）がありがたいものだったからでしょう。この縁起法頌のサンスクリット文にはさまざまな形が残されているのですが、広く流布したのは次のような形のものです。

ye dharmā hetuprabhavā hetuṃ teṣāṃ tathāgato hy avadat |
teṣāṃ ca yo nirodha evaṃvādī mahāśramaṇaḥ ||

因より生じる諸法　それらの因と何がそれらの滅であるかを
如来はたしかに語った。このように語るお方は大沙門である。

もう一つ、文字を使う呪術の好例を紹介しておきましょう。

それは、ルーン文字による呪術です。ルーン文字とは、三世紀から一七世紀に至るまで北欧地域で広く用いられた古代文字のことです。古代北欧の詩（八〇〇年から一一〇〇年頃のもの）を集めた古ノルド語文献『古エッダ』の「高き者の箴言」第一四二歌によれば、ルーン文字は神々がつくったものとされています。同じくこの「高き者の箴言」によると、北欧神話の主神オーディンは九夜にわたって飲まず食わずのまま世界樹ユグドラシルに吊りさがり、このルーン文字を会得したとされます。印象深い場面なので、和訳を提示しておきましょう[9]。

わしは、風の吹きさらす樹に、九夜の間、槍に傷つき、オーディン、つまり、わし自身にわが身を犠牲に捧げて、たれもどんな根から生えているか知らぬ樹に吊りさがったことを覚えている。

わしはパンも角杯も恵んでもらえず、下をうかがった。わしはルーネ文字を読みとり、呻きながら読みとり、それから下へ落ちた。

（『古エッダ』「高き者の箴言」第一三八歌～第一三九歌）

このように、ルーン文字は神々によって創造され、主神オーディンによって多大な苦労のもとようやく獲得されたと信じられていました。それならば、そこに神秘的な力が宿っていると考えられていたことを想像するのは難しくないでしょう。神秘的な力が宿っていると考えられたからこそ、ルーン文字は石碑に書き込まれることで呪術的な力の発揮を期待されたのです。

たとえば、七世紀中頃にスウェーデンでつくられた石には、その石を掘るものは死ぬ、という旨の呪句がルーン文字で彫られています。「一連の名誉のルーンをわしはここに隠した、魔法のルーンを。これをあばく者は悪計により人知れず死ぬ。災い、予言」と[10]。ここで言う「これ」は墓であり、この呪文は墓の盗掘人に向けられたものと考えられています。同じく『古エッダ』の「シグルドリーヴァの歌」には石碑に刻まれる以外のルーン文字の呪術的用法（いずれも何かに彫る）に関する集中的な記述も見られます〔11〕【図3】。

現在ではパソコンなどを使って書かれたことばというものも存在しますが、機械で打ち込まれたことばよりも人間の手で書かれたことばの方が力を発揮するように感じるものです。短冊や絵馬に願い事を記すとき、パソコンで作成した文章を印刷して貼り付ける人はまずいないと思いますが、どうでしょうか。毎年もらう年賀状も、機械で印刷されたものより、手書きのものの方が温かく感じるでしょう。一時期流行った（今も流行っているのかもしれませんが）御朱印というものも、現地を訪れて軽妙な筆致のもと書き記してもらうからこそ、神仏の冥利を得られる（と感じられる）のです。

声に出されたことばを使う呪術

頭や心の中で思考されることばと文字に書かれることばに対して、声に出して発せられることばは、人類にとって本能的なものです。赤ん坊は何かを伝えるためにことばを発しようとする衝動に駆られますが、何かを伝えるために

【図3】ルーン文字が刻まれた石碑

ことばを書こうとする衝動に駆られることは、普通はありません。一歳半になる私の子どもも、いつも大きな声を出して何かを伝えようとしてくれます。文字言語としての書きことばは二次的に学校などで学ばれるのです。心的な言語だけを通じて自分の意思を伝えようとする赤ん坊も、普通はいないでしょう。

左記に述べるように、音声言語だけを持っており文字を持たない文化というものはありえますが、その逆に、文字だけを有していて音声を使う言語を持たない文化というものはおよそありえないのではないかと思います。アニメーション映画『GODZILLA』（ゴジラ）に登場するフツア族のように、心的な言語だけを通じて意思の疎通を可能にしているような種族も、少なくとも現在の地球上には存在しないでしょう。

さて、人類が一定の規則を持った言語というものを獲得してから、それを視覚的に表現することができる文字というものを発明する以前には、人類は音声言語を用いて日々を生きていました。今でも、一切の文字を持たない無文字社会は存在します。そのような無文字社会において、ことばの呪術は、実際に発せられる音声言語によって実践されることになります。しかし、このことは、社会が文字を手に入れた後にこの発せられることばの呪術が実践されなくなることを必ずしも意味するわけではありません。社会が文字を獲得したとしても、何らかの儀礼的な行為がなされる際には、自らの魂にも等しい息を出して発せられることばの使用に重きが置かれるのが常です。

たとえば、結婚式における愛の誓いも、密教僧や修験者が護身のために用いる九字の呪、すなわち「臨《りん》・兵《びょう》・闘《とう》・者《しゃ》・皆《かい》・陣《じん》・列《れつ》・在《ざい》・前《ぜん》」の九文字からなる呪文も声に出してなされるものです。儀礼という文脈を離れても、音声言語が捨てられることは決してなく、それは依然として社会生活の中核を担い続けることになります。私たちが誰とも声を交わさずに一日を終えることは稀です。私たちの生活は音声言語の上に成り立っているのです。コロナのせいでずっと外出もできず、誰とも話せず、一人黙して家に佇んでいると、気が狂ってしまうかもしれません。

日本が世界に誇る哲学者の一人に井筒俊彦という人がいますが、彼が初期に著した『言語と呪術』という本の中で、井筒は、発声されることばを使った呪術が古代世界において果たした役割を次のように語っています[12]。

古代人や未開人のあいだでは、発話される言葉のもつ神秘的な力としての観念が、言語呪術という刻印で彼らの生の傾向全体に深く刻み込まれていると言っても過言でないほど、傑出した役割を担っている。言葉という手段を操作する技法に熟達した呪術師は、事実上、望んだことなら何でも成し遂げると期待されるほど、その力は絶大で抗いがたいと信じられている。……古代人は驚くほど多様な目的で言語呪術の過程に絶えず頼っていた。国や部族の繁栄を保証すること、畜牛の多産や食用植物の豊穣を確保するために自然の移り行きを統制すること、病気を予防したり治癒したり引き起こすこと、有害な動物を撃退すること、敵の死を引き起こすこと、空気中を満たす――と古代人は信じていた――悪の力の急襲を防いだり避けること、少女の心を射止めることなど、ほぼ無限にある目的のためである。

井筒が触れていないことで一つ付け加えておくべきことがあります。それは、心的に思考されたことば、文字に書き出されたことば、声に出して発せられたことばのいずれによるかを問わず、**呪術的な行為の実践は一人でなされる場合もあれば、複数人でなされる場合もある**ということです。音声言語による呪術に関して言えば、同じ一つの呪文を複数人で同時に唱える、斉唱する場合がそれにあたります。このとき、単純に考えれば、その呪文の効果は唱える人数の分だけ増加するはずです。現代社会における具体的な例としては、スポーツ観戦の中で、ある選手への応援歌を大勢の観客が大合唱する様を思い浮かべてみるとよいでしょう。

呪術に効果はあるのか

何であれ呪術について語ろうとするとき、よく問題となるのが、呪術というものに結果を生み出す力は本当にあるのかという点です。

一九世紀の西洋を本流とする科学と実証主義の視点から世界を見ることに慣れてしまっている私たちにとって、空想の世界にあえて浸る場合を除き、呪術ということばが何か怪しげで信用ならない印象を投げかけてくるものであることは事実でしょう。そして実際に、私が知る限りでは、発せられた呪文が生み出す不可思議な力などの存在は、今のところ科学的には証明されていません。

ただし、それが証明されていないからといって、そのような力の存在が完全に否定されるというわけでもありません。現代の科学では証明できない、わからないだけであって、技術が進歩すれば証明されるという可能性は排除しきれないからです。自然科学であれ人文科学であれ、何かが存在しないということを完全に証明することはできません。もし呪術に働く超自然的な力の存在が証明される日が来たならば、科学技術を盲目している人々は呪術的行為というものへの態度を一変させるかもしれません。

呪文というものにその内容を実現する不思議な力があるかどうかは、私にはとても判断できません。本当にあるのかもしれないし、実際にはないのかもしれない。一つ今の私に言えることは、人が呪文を用いるとき、当人はそのような力を信じているということです。寺社での祈願も七夕の日の祈願も、ことばの力を信じていなければ、行われることはないはずです。ことばの力を信じるのは今も昔も同じでしょうけれど、今と昔で違う点もあります。

それは、普段私たちが呪術的な言語行為をなす際にはことばの力が働く論理などを意識したりはしませんが、本書で見ていくことになるヴェーダ文学の呪歌の裏には、それが働くことになる論理が用意されていて、それが意識されていることです。現代の私たちが科学の提供する確固たる論理を世界理解のために利用するように、往時の人々も彼らなりの確固たる論理を構築していたのです。

それゆえ、古代世界にあっては、ことばの力は現代のように何となく信じられていると言うよりも、明確な論理のもと確信されていたと言うべきかと思います。もう一つ重要な点は、このようなことばの力への確信は、そのような確信を共有する特定の共同体の存在を前提とするということです。特定の共同体で共有され、継承されていくことばの力の思想が、まさにそれへの信念を揺るぎないものとするのです。

余談になりますが、呪術的行為の効果について、無意識のうちにことばに縛られた結果、そのことばの内容が実現されるという考え方があります。

たとえば、七夕の短冊に何か願い事を書き記したとしましょう。人はその願い事を書くことで無意識のうちにその内容の実現に向けて行動を選択するようになり、知らぬ間にそれが実現されるということはありえると思います。「○○大学合格!」と大きく書いた紙を勉強机の前に貼った結果、実際に合格することもありえることです。これらは良い結果が実現される例ですが、悪い結果が実現されてしまう例も挙げてみましょう。

あまり使いたくないことばですが、たとえば「死ね！」などと相手を否定的に罵ることばを発する行為も、呪術的な行為の一つです。そして、そのような強いことばを浴びせられた結果、人は無意識のうちにことばの内容に影響を受けてしまい、それに沿った行動を選択し、最終的に不幸にも冥界へと辿り着いてしまうこともありうるかもしれません。これらの諸例も、ある意味ではことばの力を示すものです。

最後にもう一つ。世界には、蛇に噛まれたときにその毒を消すための呪文というものがありますが、この種の呪文には、患者を心理的に安堵させるという効果、具体的には高まった血圧を下げるという効果があることが指摘されています【図4】。これは、現代で言う精神医療（メンタルケア）のようなものでしょうか。

【図4】毒に対抗する呪文を記したホルス神の石碑

2 高められたことば

声に出して発せられるとき、呪文は何らかの形式によって日常のことばから差別化されるのが普通です。日常のことばとは異なる性質を帯びることで、呪文のことばは効果を発揮するようになります。井筒俊彦の言い方を借りれば、ことばが何らかの仕方で「高められる」のです。それによって、呪文のことばは日常のものから聖なるものへと姿を変えます。井筒は次のように言っています[13]。

あらゆる民族のあいだで、あらゆる時代において、言語が高められること、すなわち言語《スピーチ》の水準を「平常なるもの」から「聖なるもの」へ移行することが、言葉の呪術的な使用のすべてにとって必須の前提条件であることが知られている。

ことばが高まるためには、つまり「平常なるもの」から「聖なるもの」へ移行するためには、「枠組みづけ」が必要であり、井筒はそれを外的なものと内的なものとに分けています。外的な枠組みづけと内的な枠組みづけとは、ことばの外にある要素によってことばが特徴づけられることと、ことばの内にある要素、言い換えればことばと直接的に関わる要素によってことばが特徴づけられることです。左記にそれぞれの例を見ていくことにしましょう。

ことばを外から高める仕掛け

はじめに、ことばを外的に高めるために行われること、すなわちことばに対する外的な枠組みづけの具体例を、いくつか見ていきましょう。

儀礼の状況をつくる

外的な枠組みづけを最もよく例示するのは儀礼的な状況です。何らかの儀礼的な状況のもと発せられることによって、日常言語の状態は聖なる状態へと高められるのです。その一例として、井筒は日本最古の歌集『万葉集』の詩歌を引いています。そこでは、ある乙女が儀礼的な装いと振る舞いのもと神に願いを発語する様が歌われています。当該箇所の和訳を見てみましょう[14]。

遠い彼方の天上から生まれて来た神々よ。山奥の榊（さかき）に、白髪をつけ木綿の幣（しで）をとりつけて、神聖なかめを浄らかに掘り据え、竹玉をたくさん貫き垂らし、鹿・猪のように膝を折って伏し、女たるもの、打掛（うちかけ）をかずいて、このようにまでして私はお祈りしましょう。あの方にお会いしたいことよ。
（『万葉集』巻第三、三七九番）

もう一つ例を挙げてみます。カート・セリグマンが著書『魔法――その歴史と正体』の中で、古代エジプトの呪術師が呪文を発する前になすべき事柄を次のように説明しています。これらもすべて呪文を高めるための外的な枠組みづけの機能を果たしていると言えます[15]。

九日間、魔術師は清めの儀式をうけねばならなかった。それから彼は、自分のからだに油をそそぎ、天然の炭酸ソーダで口をすすいだ。新鮮な服――新しくて白い――はぜひ必要だった。あらゆる衣服は、魔術師がそれを着るまえに、いぶして消毒された。魔術師は舌の上に、緑色のインクで、真実の記号である羽毛を描いた。そして最後に彼は、その時刻の神に特有な色で、地上に円を描いた。こうしてやっと、彼は呪文にとりかかることができた。

さらにもう一つ、今度は古代インドの文献から例を挙げてみます。インド最古の文献に『リグ・ヴェーダ』（紀元前一二〇〇年頃）と呼ばれる神々への讃歌集があり、そこには、詩人たちが儀礼の状況をつくった上でことばを発していた様を伝える詩歌が残っています。神々に向けた歌唱は「当然予想されるように、祭祀の場で行われ、ある種の身体的な行事を伴っていた」のです[16]。そのような詩歌を二つ見てみましょう。

援助を求めて　彼らは汝（火神アグニ）に呼びかける
カンヴァ家の者たちは　敷《し》き草を［祭火の］周りに横たえ
供物を持ち　適切に（祭式を）なす者として。
（『リグ・ヴェーダ』一・一四・五）

人々は　敷き草を［祭火の］周りに横たえ
供物を持ち　適切に準備を整えて
汝らを呼ぶ　アシュヴィン双神よ。
（『リグ・ヴェーダ』八・五・一七）

いくつか説明をしておきます。
まず、『リグ・ヴェーダ』には一〇の巻があり、それぞれの巻が特定の神々へ捧げられた複数の歌篇から成り立っています。そしてこの歌篇は複数の具体的な詩から構成されます。

ですので、たとえば『リグ・ヴェーダ』一・一四・五と言えば、『リグ・ヴェーダ』の第一巻・第一四歌篇・第五詩を指します。次に、アグニ神とアシュヴィン双神はいずれも『リグ・ヴェーダ』で讃えられる神です。最初の詩歌に出る「カンヴァ家の者たち」とは、カンヴァ家という詩人の家系に属する詩人たちのこと。いずれの詩歌にも出る「敷き草」は、祭式の場に客人として招かれる神々が座すためのものであり、「供物」はもちろん客人である神々をもてなすためのものです。これら二つの詩歌からは、詩人たちが諸々の儀礼的な状況を整えた上で、神々を地上に呼び寄せるための讃歌を唱えたことがわかります。

用意された豪華な椅子に客人として座し、入念に仕上げられた料理を堪能する現代の結婚式も、一つの儀礼的な場です。そこでは、これら椅子や料理だけではなく、人々が着る上等の衣装や部屋に施された飾り付けなども外的な枠組みづけを提供していると言えるでしょう。そのような外的な枠組みづけのもとで発せられることばは力を持つことになります。婚礼の場で何かの代表者として人々の前に立ち、何らかのことばを口にしなければならないとき、幸先の良いことばが好まれ、忌みことばは回避されます。普段私たちは意識しませんが、この背後には、婚礼の場で発せられることばは日常のことばよりも高められた状態にあり、その内容を実現する力が高まっているという観念が潜んでいるのかもしれません。

祈願や呪いを発する行為は、その発話それ自体が祈願行為であり呪う行為となります。したがって、それはイギリスの言語哲学者オースティンが言うところの行為遂行的発話にあたります。この種の発話には、右に見てきたように規約や慣習によって枠組みが与えられる場合が少なくありません。

魔法の杖をかざす

呪術師や魔術師あるいは魔法使いということばを聞いて、皆さんはどのような姿をした人物を連想するでしょうか。人によってそれはさまざまでしょうが、おそらく多くの人の頭の中にはいわゆる魔法の杖（magic wand）を手にしている姿がぼんやりと浮かぶのではないでしょうか。J・K・ローリングの『ハリー・ポッターと賢者の石』の中でも、主人公ハリーは、魔法学校に入学する際の必需品として魔法の杖を購入しています。

杖を手にして魔法のことばを発する行為がなされるとき、杖を手に持つことそれ自体、あるいはその杖を高く振りあげたり相手に力強く振りかざしたりする行為は、魔法のことばを高めるための外的な枠組みづけとして機能していると言えるでしょう。

専門家によると、このような魔法の杖の歴史は必ずしも明らかではないようなのですが、古いところでは、たとえば古代ギリシアの詩人ホメロスの叙事詩『イリアス』に、誓いのことばを発するとき、アキレウスが杖を手にしている記述が見られます[17]。北欧の世界に目を向けると、呪術を実践する巫女は古ノルド語でヴォルヴァと呼ばれますが、この単語の意味は「杖を持つ女性」です。そのことば通り、一三世紀のアイスランドでつくられた『赤毛のエリク記』に登場する巫女は杖を手に持つ者として描かれています[18]。古代インドのヴェーダ祭式でも、祭文を唱える人物が木製の杖を手にする場合があります。

ことばを内から高める仕掛け

右に例示してきたような外的な枠組みづけとともに内的な枠組みづけが働くとき、ことばは大いに高められることになります。内的な枠組みづけとは、ことばそのものを何らかの特別な表現形式によって限定することです。

韻律にのせる

まず、第一に挙げられるべきは韻律です。詩は単語が集まって構成されますが、それぞれの単語が持つ音節の長（重）と短（軽）が一定の配列で並べられたり、単語が持つ母音や子音またはアクセントを持つ音節が一定の配列で並べられたり、あるいは詩の各行が一定の音節数やモーラ数で構成されたりすることで、特定の韻律が生み出されます。たとえば日本の俳句は五・七・五の構成をとります。

呪文は、このような韻律にのせられた詩の形をとることが少なくありません。それは、そのような韻律にのせることで、呪文のことばが高まるという観念が背景にあるためと思われます。井筒は「ラテン語の carmen という言葉の本来の意味が示すように、最初期以来、詩はつねに呪文であった。実に韻を踏んだ詩節の秘めた力を信じることほど、古代人のあいだに流布したものもない」と言っています[19]。

ここで井筒が出すラテン語カルメンは「歌」を原義としますが、同時に「呪文」なども意味します。ここに、韻律を伴う歌と呪文のつながりを見てとれることができます。ちなみに、このラテン語カルメンは現代英語 charm「呪文をかける、魔法にかける」の語源となったものです。古代インドの祭儀書文献では、韻律は「勇力、活力」（ヴィーリヤ）であると言われています[20]。韻律はことばに力を与えるものなのです。

もちろん、呪文には韻律を伴わない散文形式のものもありますが、韻律を伴ってことばが高き状態に至ることで、呪文はより強力なものとなります。つまり、詩というものには、そうでないものに比べてより大きな力がこもるのです。

中国最古の詩篇として『詩経』という作品があり、これはおよそ三〇〇の詩を集成したものですが、この『詩経』に対して著された「大序」（「毛詩大序」）には「天地を動かし、鬼神〔神々や精霊〕を感動させるためには、詩に勝るものはない」（動天地、感鬼神、莫近於詩）とあります[21]。古代中国においても詩の力への信仰があったことがわかります。「凡《およ》そ祈りも、刺りも、恋も、怨みも、ことごとく之を歌にうたって相手に響かせ、人の心、神の心を動かそうとしたのが古のならわし」だったのです[22]。

韻律を伴う詩の形式によって発せられることで呪文のことばは高められるということですが、その場合、韻律は韻律でも、特定の韻律が使用されるということもありえます。普段は使わない、あるいは使ってはいけない、呪文専用の特殊韻律。現にこのような韻律があったことは、たとえば先にも出した北欧の『古エッダ』が残す情報から窺い知ることができます。『古エッダ』「高き者の箴言」第一四六歌から第一六三歌において、オーディンは自身が会得している一八種の呪文について語っています。大変興味深いのは、オーディンがこれらを語る場面において、「高き者の箴言」の中で広く使われる通常の韻律ルヨーダホーットゥルを変形した韻律が使われていることです。この特殊な韻律はガルドゥララーグと呼ばれます。呪文について語る際にだけ特殊韻律ガルドゥララーグが使われているという事実から、この韻律が呪文の説明文だけではなく呪文そのものにも使われるものであった可能性を想定できます。そもそも、ルヨーダホーットゥルという韻律名の意味が「詩歌の韻律」であるのに対して、このガルドゥララーグという韻律名の意味は「呪歌の韻律」なのです。

一八種の呪文を語るオーディンのことばを実際に見てみましょう。全部を引用していたら大変なので、「盾の呪文」が描かれる詩を例にとります。通常の韻律ルヨーダホーットゥルは一定の頭韻を備えた六つの詩行からなるものですが、特殊韻律ガルドゥララーグは、これにいくつかの詩行を付け加えた構成をとります。左に出す詩では二つの詩行が加えられ、合計八つの詩行から歌が構成されていることがわかります。ルヨーダホーットゥルと同様、全体的に一定の頭韻を備えています。韻律の形を見てもらうべく原文と一緒に和訳を提示しましょう[23]。

þat kann ec iþ ellipta
ef ec scal til orrosto
leiða langvini
undir randir ec gel
enn þeir með ríki fara
heilir hildar til
heilir hildi frá
koma þeir heilir hvaðan

戦いに竹馬の友をつれていかねばならぬときは、
第十一のまじないをわしは知っている。
わしは楯の中へ唱える。

そうすれば、彼らは威風堂々無事に戦にいき、
どこからでも無事に戦から帰ってこれる。
（『古エッダ』「高き者の箴言」第一五六歌）

実は、呪歌の旋律ガルドゥララーグが使用されるのは「高き者の箴言」においてだけではありません。他にも、北欧のトリックスターとして知られるロキが他の神々に非難を浴びせる『古エッダ』「ロキの真実語り」の中、ロキとオーディンが非難のことばを浴びせ合う場面で、オーディンの台詞にこのガルドゥララーグが適用されています（第二三歌）[24]。「ロキの真実語り」の大部分で使用される韻律は、「高き者の箴言」と同様、詩歌の韻律ルヨーダホーットゥルなのですが、オーディンがロキに強い非難のことばを発するときにだけ特殊韻律ガルドゥララーグが用いられているという事実は、この呪歌の韻律がやはり何かしらことばの力を発揮させるのに適した韻律であったという可能性を高めるものです。しかし残念ながら、この韻律が使われた実際の呪文がどのようなものであったかは、少なくとも『古エッダ』やスノッリ・ストゥルルソン（一三世紀）の『新エッダ』または中世アイスランドで著されたサガ類から知ることはできません。

インドのサンスクリット語文献においてもさまざまな文脈でさまざまな韻律が使われていて、それぞれの韻律がどのような構成をとるかを定義する韻律学書が残されています。それ

ら韻律学書のうち、中世インドのカシミールに出た多作家クシェーメーンドラ（一一世紀）の『優れた韻律の標』では、韻律の形式的な定義だけではなく、特定の場面を活描するのにどの韻律が適しているかという問題が論じられていて面白いのですが、そこでは呪文や相手を罵るのにどの韻律がふさわしいかという議論はなされていないようです。

特殊な表現を使う

今、私が書いているような、くだけた柔らかいことばが呪文に使われることは、あまりないと思います。呪文では、多くの場合において、厳かで古風な硬質の表現、あるいはまったく不可解な表現が用いられます。それによって呪文のことばが内的に高められ、より強い力を発揮するようになるという観念がその背後にあると思われます。再び井筒の言に耳を傾けてみましょう［25］。

現在では周知のことであるが、特徴的なことに、すべての時代をとおしていずれの国においても呪術的な文書はあらゆる仕方で用いられた難解な言葉や曖昧な表現に満ちている。聖なる儀式で朗誦される呪文や連禱は、ただ難解で意味をなさず、そのほとんどが日常生活で決して用いられることのない多くの不可解な言葉から成り立っていることは、未開部族のあいだでかなり頻繁にみられる。これらのことが言語を厳かなものへ高めること、さらに言語がより不可思議に、より印象的に響くようにすることに寄与しているのは疑いようもない。

呪文や〔呪術的な〕定型文が馴染みのない不可解な言語、あるいは意味がまったく失われた言語で言い表される場合、それらが日常的で理解可能な言葉で成立している場合よりも効果的な印象を生み出しやすいのはごく自然であろう。

理解不能なことばを含む呪文の適例は、仏教の呪文である**陀羅尼**《だらに》でしょう。サンスクリット語ではダーラニーと言います。この陀羅尼の呪文には難解な単語が頻繁に用いられており、しばしば翻訳不可能です。大乗経典の一つである『法華経』には「陀羅尼品《だらにぼん》」という名の章があり、そこでは仏の教えを授持する者を守るための呪文として陀羅尼が多く登場します。その中に、たとえば次のような陀羅尼があります。これは、『法華経』の教えを伝える説法者たちを利するために毘沙門天《びしゃもんてん》が発するものです。そこには、およそ一度見ただけでは理解が難しい単語が並んでいます。このような不可解な単語がこの陀羅尼の効果を高めるのに役立っているのです。ここでも原文を引用して雰囲気を味わってもらいたいと思います[26]。

atṭe tatṭe natṭe vanatṭe anaḍe nāḍi kunaḍi svāhā」

アッテー、タッテー、ナッテー、ヴァナッテー、アナデー、ナーディ、クナディ、スヴァーハー。

一人ではなく複数人で合唱される呪文というものについて右記で触れましたが、この『法華経』「陀羅尼品」にはまさにそのような場面として、総勢一一名の魔女たちが声を合わせて陀羅尼を唱えるというものがあります[27]。

日常の話しことばではまず使われることのない格調高い表現が呪文に使われる例を現代文化の中に探ると、前にも出した漫画作品『BLEACH』（ブリーチ）が好例を提供してくれます。読まれたことがある人も多いでしょう。本作品では、多くの登場人物が特定のことばの詠唱を伴ってさまざまな術を使います（「詠唱破棄」と呼ばれる、詠唱を省略して術名だけを発する場合もあります）。ことばの詠唱を伴ってくりだされる術の中に、五つの五角柱を空中に出現させ、それを対象に落としてその五体を封じる「五柱鉄貫《ごちゅうてっかん》」という名の術がありますが、有昭田鉢玄《うしょうだはちげん》はこの術を使うときに次のような詠唱を行っています[28]。

鉄砂《てっさ》の壁《かべ》

僧形《そうぎょう》の塔《とう》
灼鉄《しゃくてつ》熒熒《けいけい》
湛然《たんぜん》として終《つい》に音無《おとな》し

およそ日常生活では使うことのない表現の連鎖を見てとれることができます。蒼古の趣がありますね。加えて、それぞれの行が一定の音数をもって構成されており、全体として語調がいい。韻律とは言えないかもしれませんが、このような一定の律動を伴うことも、詠唱のことばを高めることになると理解できます。

現代の私たちの感覚でも、意味のわかることばを唱えられるより、耳慣れないことばやまったく不可思議なことばが連なるものを唱えられる方が、効果がありそうに感じるものです。このような感覚は、七世紀前半にインドへ求法の旅にやってきた玄奘《げんじょう》（三蔵法師《さんぞうほうし》）も持っていたようで、それは彼の翻訳方針の一つに反映されています。玄奘は、古代インド語で著された原典を漢訳するとき、ある条件にあてはまる場合には原語を翻訳（意訳）せずにそのままの音を保持する（音訳）という翻訳理論を持っていたという伝承があります。

その条件には五種あるため、この翻訳理論は「五種不翻《ごしゅふほん》」と呼ばれています。そのうちの第三条件は、景霄《けいしょう》（九世紀末から一〇世紀）の『四分律行事鈔簡正記《しぶんりつぎょうじしょうかんしょうき》』巻二によれば、次のようなものだったようです[29]。

二、秘密にするから訳さない場合がある。たとえば陀羅尼《だらに》などの呪文の教えは、梵語のまま諳誦して仏の加護を祈るなら効果覿面であるが、中国語に訳したら、少しも霊験あらたかでないからである。

この理論に従うならば、先に引用した『法華経』の陀羅尼も訳さないのが正解です。不可思議な音が響く様がことばを高め、呪文としての効果を発揮するのですから。それを翻訳(意訳)した形で読みあげてしまっては、本来の陀羅尼の効果は発揮されないでしょう。

さて、ここで一つの疑問が生じます。

呪文を聞いている側に対しては、馴染みの薄いことばあるいはまったく未知のことばが連続する呪文の方が強い印象を与えるのはたしかだと思いますが、そのとき、呪文を発する側の意識はどうあるべきなのでしょうか。

少し考えてみてください。発話者の側も難解な表現の意味をまったく理解せずにただ字面を暗記してそれをなぞるだけで十分なのか。それとも発話者はそのような呪文を発するとき、それを構成することばの意味をすべて理解した上で発話行為をなすべきなのか。

この問題に対しては、古代インド、紀元前五世紀から紀元前四世紀頃に活動したと思われる**語源学者ヤースカ**が一つの回答を与えてくれています。古代インドの祭式の中では、祭主

（報酬と引き換えに祭式の挙行を専門の祭官たちに依頼する人）の願望に応じてさまざまな神々にさまざまな祭文《さいもん》（祭式の場で使われる呪文）が唱えかけられますが、ヤースカは、そのような祭文を構成する難しい単語、とりわけ祭文に現れる神の名の語源的な意味の解明を目指す『語源学』という作品を残しています。

ヤースカの考えによりますと、祭文が効果を発揮するには、祭官は祭文を構成する単語の語源的な意味、その中でも特に神の名の語源的な意味を知った上で祭文を唱えなければなりません。そうしたときにはじめて、祭文に内在することばの霊力が発揮され、その霊力は神々を望み通りに動かすものとなるのです[30]。呪文を発する側としては、自分ですら意味を理解していない音の羅列をただ読みあげるよりは、自分が発しているそのことばの意味を理解していた方が、その呪文には効果がありそうに感じるのではないでしょうか。

私はかつて、古代インド文献に伝わる祭文を朗唱している現代のインド人女性から、その祭文の中に現れる一つの定動詞形の形態とそれの含蓄する意味についてメールで尋ねられたことがあります。その女性いわく、自分でも意味がわかっていないものを唱えるのは、なんだかよい気分がしないのだそうです。丁寧に返信するとたいそう喜ばれました。

修辞の技巧を施す

ことばを内的に高める装置として、詩的な技巧というものもありえます。

ここで言う詩的な技巧とは、一定箇所で韻を踏んでことばに律動を与える押韻や、何かを何かに例えて対象の性質を際立たせる比喩などといった修辞技巧のことです。文学作品の中では詩的な効果を狙って種々の修辞が用いられるのが常です。インドにも修辞法を考究する伝統が昔からあり、古典サンスクリット語で著された多くの修辞学書が伝わっています。

古典サンスクリット文学を対象とする修辞学の分野は、海外では研究が盛んで読むべき書は無数にありますが、日本においては今も昔もインド学の傍流をかろうじて形成しているにすぎず、専門的な研究者の数は極少で、日本語で読める書も数えるほどしかありません。

サンスクリット語で修辞はアランカーラ（装飾）と呼ばれ、それには大別して「音の装飾」と「意味の装飾」の二種類があります。この分類では、前述の押韻は「音の装飾」に、比喩は「意味の装飾」に分類されることになります。

このような修辞によってことばを飾り立てることが、呪文の中でも行われることがあるのです。数ある修辞の中でも文学を読んでいて最も頻繁に出くわすのは比喩であろうと思います。そして呪文の中にも、そのような比喩が使われるものがあります。ここでは日本の『古事記』から例を引いてみましょう。場面は、弟である春山の神（春山乃霞壮夫《はるやまのかすみおとこ》）をして兄である秋山の神（秋山之下氷壮夫《あきやまのしたひおとこ》）を彼ら兄弟の母が呪詛させるところです［31］。

母は、その兄である子を恨んで、早速その地にある伊豆志河《いずしのかわ》の河島の一節竹《いちよだけ》を取って、目の粗い籠《かご》を作り、その川の石を取って、塩に混ぜて、その竹の葉に包み、弟に呪詛《じゅそ》させて、「この竹の葉が青く茂るように、この竹の葉が萎《しお》れるように、茂り萎れよ。また、この潮が満ちたり干たりするように、満ち干よ。また、この石が沈むように、沈み伏せ」と、このように呪詛させて、その品々を煙の通る竈《かまど》の上に置いた。

（『古事記』中巻「応神天皇」）

このような呪詛の結果、秋山の神の体はそのことば通りになってしまいます。ここでは、呪詛の中で畳みかけて使用される比喩表現が呪詛のことばを内的に枠組みづけることによって、それを高めていると言えます。

仕組みの応用編

これら外的な枠組みづけや内的な枠組みづけによってことばが高められるという仕組みは、書かれたことばとしての呪文にも適用可能です。たとえば、先に見た、ルーン文字で刻まれた呪詛の場合、ルーン文字という特殊な字体で表現されているという事態が、その呪詛に力を与える内的な枠組みを提供していると言えます。また、短冊や絵馬に願い事を記すときに、人はできるだけ綺麗な字体で書こうとするものです。美しい字体によってことばがより力強い効果を発揮するという思いが背後にはありそうです。

井筒の分析は、現代社会の娯楽を鑑賞する際にも一定の見方を私たちに与えてくれます。再びJ・K・ローリングの『ハリー・ポッター』シリーズを例にとれば、このシリーズの映画版で描かれる魔法使用の場面では、魔法の杖を相手へ振り向ける行為が呪文の外的な枠組みづけを、そしてことばを声高に発することが呪文の内的な枠組みづけをなしていると分析できます。また、唱えられる呪文のことばはラテン語からとられたものが多いと思われますが、呪文を構成することばが現代人には古風に聞こえる高尚なラテン語であることも、呪文のことばを内的に高めるのに一役買っています。このような枠組みづけのもと高められた呪文が、超自然的な現象を引き起こすと考えられているわけです。

3 古代インドの言語文化

ヴェーダ文献とヴェーダ神話について

これまで、ことばの力を用いた呪術について概観してきました。

三種のことばのうち、声に出して発せられることばの力が何らかの形で描かれるヴェーダ神話を紹介し、時には筆者なりの考察を加えていくのが本書の眼目です。それにあたって、まず、これらヴェーダ神話を伝えた人々の言語文化について左記では鳥瞰していきたいと思います[32]。しかしその前に、そもそもヴェーダ文献とは何か、ヴェーダ神話とは何かということを本節では説明しておきましょう。

ヴェーダ文献とは、インドの地に段階的に入ってきたアーリヤと呼ばれる人たちが徐々に編纂していった宗教儀礼用の文献群を指します。各文献の細かい時代設定については諸説あるかと思いますが、一般には、紀元前一二〇〇年頃から紀元前六〇〇／五〇〇年頃までに現れた文献群として括られることが多いです。

サンスクリット語でヴェーダは「知識」を意味しており、世界を理解するための知識が集められた文献であることから、ヴェーダ文献という呼称があります。これらヴェーダ文献のうち、本書で頻繁に言及することになるものと主として取りあげることになるものは、神々への讃歌が集成された『リグ・ヴェーダ』（紀元前一二〇〇年頃）と祭式の次第や神話的な背景を語るヴェーダ文献群（紀元前八〇〇年から紀元前六五〇年頃）です。この後者の文献群やそこに含まれる作品を本書では「ヴェーダ祭儀書」あるいは「ヴェーダ祭儀書文献」と呼びます。ヴェーダ文献はサンスクリット語の古い形態を残す言語で著されており、この言語をヴェーダ語（ヴェーダ文献で使われる言語）と言います。

ヴェーダ祭儀書文献は古代人の世界観を垣間見ることができる神話の宝庫ですが、その一定量をまとまった形で日本語にて紹介する書は残念ながら多くありません。実際のところ、辻直四郎先生による『古代インドの説話――ブラーフマナ文献より』（春秋社、一九七八年）があるのみですが、それとてヴェーダ祭儀書文献が伝世する膨大な神話群の一部を扱っているにすぎません。

ヴェーダ祭儀書文献の神話は、シヴァ神やヴィシュヌ神が主役を演じるヒンドゥー神話に比べて、一般にはあまり知られていない印象があり、本邦の比較神話研究にも十分に活用されていないきらいがあります。これは決して私のような若造が言うような台詞ではないのですけれども、興味関心のある他分野の研究者の方々や好事家の方々が容易に参照して利用できるように、ヴェーダ祭儀書文献が伝える神話群に対する日本語訳の出版――中でも辻先生の翻訳書に含まれていないもの――が書籍の形をとって少しずつ進行することが望ましいように感じています。そして、それを成しうるヴェーダ学の専門家は我が国に十分育っていると思います。

ヴェーダ祭儀書文献よりもさらに古い神話の跡を残す『リグ・ヴェーダ』は、人類史の解明にとって最重要資料の一つと言われるものですが、これについても和訳としてまとまった量を提供するものは、やはり辻先生の『リグ・ヴェーダ讃歌』（岩波書店、一九七〇年）のみであり、この和訳も部分的な抄訳にすぎません。これも私のような青男が言うようなことでは決してないのですが、『リグ・ヴェーダ』に次いでインド・イラン学における重要資料の位置を占める『アヴェスタ』（古代イランのゾロアスター教聖典）の原典完訳が国書刊行会から出版された今[33]、『リグ・ヴェーダ』原典の完訳刊行を引き受ける出版社がいてくれたらよいのに、と最近強く思っています。原典に基づく『リグ・ヴェーダ』の完訳を成しうる人才が日本にはいるのですから。

ともあれ、このようなヴェーダ文献に収録された神話がヴェーダ神話であり、そのうち本書ではヴェーダ祭儀書文献に語られる神話を主な対象としています。ヴェーダ神話そのものの性格については、ヒンドゥー教の神話との対比のもと説明する文章を別の機会に草したことがありますから、本書ではことば遣いを改めた上でその記述を利用して説明します[34]。

篠田知和基・丸山顕徳編『世界神話伝説大事典』（勉誠出版、二〇一六年）一五六～一六九頁が与える区分を参照すると、インド神話は、ヴェーダ神話、ヒンドゥー教の神話、仏教の神話、ジャイナ教の神話に大きく分けることができます。これらのうち、ヴェーダ神話とは既述の通りヴェーダ文献に観察される神話群のことを指しており、インド最古のものです。

右に示した四種類の神話のうち、本邦において最も多くの概説書が存在し、最もよく知られていると思われるのはヒンドゥー教の神話でしょう。それは、主として、インド二大叙事詩である『マハーバーラタ』と『ラーマーヤナ』およびプラーナと称される古伝承文献群の中に現れるものです。

いつどのようにして現在ヒンドゥー教と呼ばれる宗教形態が成立したかについて簡単に答えることはできませんが、ヒンドゥー教の特徴の一つは、他の神々の存在を受け入れつつもシヴァやヴィシュヌといった一柱の神を最高神にたてることにあります【図5】。結果、ヒンドゥー教の神話では最高神としての彼ら両神のいずれかが活躍する物語が多数を占めます。

一方、ヴェーダ神話の背景にある宗教形態は原則として多神教であり、儀礼の場ではそれぞれの神が儀礼の目的に合わせて呼び寄せられ、讃歌と供物をもって歓待されます。もてなされる神がそのつど交替するの

【図5】ヴィシュヌ神の像

です。ヴェーダ神話ではシヴァとヴィシュヌも基本的には最高神ではなく、その描写はインドラやアグニといったヴェーダ神話に頻出する神々と比べて多くはありません。

他にも、ヴェーダ神話とヒンドゥー神話には――もちろんつながりもあるとはいえ――異なる点が観察されます。たとえばヴェーダ神話で高い地位を誇る秩序の管理者ヴァルナは、ヒンドゥー神話ではそれほど目立った存在ではなく、ヴァルナの司法神としての性質もそこでは看取しがたいです。ヒンドゥー神話においてヴァルナは水の神として現れ、仏教の水天に連なります。

さらに、よく知られた神インドラを例にとるならば、ヴェーダ神話において原則としてインドラは武勲をたてる英雄神ですが、ヒンドゥー神話においては雨を降らす雷霆神《らいていしん》としての性格が顕著となっています。このような性格はヴェーダ神話においてはインドラにとって本質的なものではありません。インドラの地位も、ヴェーダ神話における場合と比べてヒンドゥー神話では高くない。ただしヴェーダ神話内部においても、インドラの地位は神話を描く文献の時代が下るにつれて低下する傾向にあります。

右に述べたのは、神々の地位や性質の点から見たヴェーダ神話とヒンドゥー神話の違いですが、神話の中身の点でも、ヴェーダ神話とヒンドゥー神話には違いがあります。ヒンドゥー神話の中には特定のヴェーダ神話の消失や変容が見られるのです。たとえば、本書の第2章で取りあげる長舌という名の魔女の物語は、ヒンドゥー神話では知られておらず、

『マハーバーラタ』の中でインドラが長舌と呼ばれる女の悪魔を倒したことが単に触れられるにすぎません。

本書の内容に関わることを一つ付け加えておきます。

世界の神話は**ゴンドワナ型とローラシア型**と呼ばれる二つの型に分類される場合があり、本書で扱うヴェーダ神話は地理的に後者のローラシア型に属しています。このローラシア型に属する神話の特徴は、ことばや呪文というものを重視する点にあります。一方で、前者のゴンドワナ型に属する神話では、ことばよりも偶像・呪物・物神といった具体的な事物が重視される傾向があります[35]。事実、ヴェーダ神話の中には、ことばの力を描き出すものが多く観察されます。

これにて、ヴェーダ文献とヴェーダ神話についての摘要を終えます。次に、古代インドに生きた人々の言語文化を見ていくことにいたしましょう。

口で伝えていく伝統

古代ギリシアの詩人ホメロスの叙事詩も、北欧の『古エッダ』も、アイヌ民族の神謡も、もともとは口で伝えられていました。今、私たちが手にするような本の形で出版されていたわけでも、何かに書き写されていたわけでもありません。今に伝わる多くのヴェーダ文献も、世代を超えて口頭で伝承されてきたものです。

ヴェーダ文献を文字に記した最古の写本としては一一世紀のものが残っていますが、このように文字によって写本に書き記されるようになってからも、口伝の厚い伝統は変わることなく現代まで続いています。

たとえば、最古のヴェーダ文献『リグ・ヴェーダ』は全一〇巻からなり、歌篇の総数一〇二八、詩歌の総数一〇四六二、総語数一六五〇〇七を有しますが、この膨大な量を暗記し、正確な韻律・アクセント・発音のもと、いつでも朗唱できる子どもたちがインドにはいます【図6】。『リグ・ヴェーダ』を構成する単語数はホメロスの叙事詩と同じくらいの分量を有すると言われますが、このホメロスの叙事詩に対して同じような妙技を披露できる子どもは、たとえば現代ギリシアにいるでしょうか。

ともかく、多様な創意工夫のもと、一音・一アクセントの違いも許されない仕方で伝承されてきたおかげで、古のヴェーダ文献がほぼ当時の形のままで現在に伝存していると言われます。そのようなことを可能にしたのは、連綿と続く師から弟子への伝達、師資相承《ししそうしょう》の伝統です。ヴェーダ文献のことばは極秘のものとして、師のもとに正式に入門したヴェーダ学

【図6】南インド、ヴェーダ朗唱前の子どもたち（チャバ・デジェー先生より提供）

徒だけに授けられるものでした。そしてヴェーダ文献を学習し終えた学生が今度は師となり、次の学生を受け入れ、教えを紡いでいきます〔36〕。そのような伝統のおかげで、ヴェーダ文献のことばは数千年の星霜《せいそう》に耐えてきたのです。ヴェーダ文献の学習を終了して一人前になった者は「［師に］続いて唱え終えた者」（アヌーチャーナ）と呼ばれます。

ヴェーダ文献の知識を外部に漏らすことは許されなかったため、インドでは文字の使用は遅れました。ヴェーダ文献を掌握する司祭階級の者たちは、知識を独占するため、そしてそれによって自らの権威を維持するため、知識の文字化を唾棄《だき》していたようなのです。知識が文字化されて世に広がりはじめると、司祭階級たる婆羅門《ばらもん》たちのもとに入門して知識を授かる必要がなくなり、彼らは知識を授ける対価としての収入も得られなくなるでしょう。古代インドの叙事詩『マハーバーラタ』では、ヴェーダを文字に書き記す者は地獄へ赴くとすら宣言されています。

ヴェーダを売る者たちはヴェーダを汚す者である。
ヴェーダを書き記すならば、彼らは地獄へと赴くのだ。
（『マハーバーラタ』一三・二四・七〇）

初期仏教の教えも口承されるのが基本であり、その教えが聖典という形で書写され始めるのは後の時代になってからです。このように口承に重きが置かれた社会にあっては、口伝えの知識、口で発声された知識が重視され、書かれた知識は軽んぜられる傾向にあるようで、インドには「本の中にある知識は他人の手の中にある富である」という諺《ことわざ》もあります。サンスクリット語で「ことば」を意味する代表的なものにシャッブダというものがありますが、この語は書かれたことばではなくて発せられたことばを原則として意味しています。西洋の伝統においても、古代以来、ことばと言われて真っ先に了解されるのは音声としてのことばだったようです[37]。

文字が用いられはじめ、書かれた写本や書物が登場しても、インドでの学問の伝統的な学習法は、まず記憶することでした。それは今でも変わっていません。パンディット(「智者」)と呼ばれるインドの伝統的学者たちは、現代の私たちからすると信じられないほどの量の文献を暗記していて、時に応じていつでも脳内から文献中の文言を引き出すことができます。

このような伝統的パンディットたちは書物を持ち歩く必要がありません。頭の中にアレクサンドリアのような大図書館があるからです。中世以前の西洋でも「韻文散文を問わず文章というのは口頭で述べられ記憶という仕方で記録されるもの」であり[38]、「読んだ書物を記憶し、脳内に「図書館」を創り上げることが知的活動の基本であった」ようですが[39]、たとえば現代ヨーロッパでも学者たちの間に同じことがあてはまるかどうか。どうなのでしょう。私自身は調査したことがないのでヨーロッパのことはわかりませんが、少なくとも現代インドには、そのような記憶の文化は依然として残っています。

インドの文字事情

南アジアの地で発見されている最古の文字は、もしそれが文字であるとするならば、インダス文明の人々が利用していた**インダス文字**です。しかし、発掘された資料の文字列があまりに短すぎることやエジプトのロゼッタ石のように多言語が併用された資料がないことにより、その解読は困難を極めています[40]。今のところ、インダス文明の時代に続くヴェーダ時代の人々が何かしら文字を使用していたことを示す資料も見つかっていません。すでに何かしらの文字があって使用されていたけれど残っていないだけなのか、あるいはまだ文字自体がなかったのか、不明です。

古代インドにおいて、文字の使用がはじめて明確に確認されるのは、マウリヤ朝第三代の王アショーカ（紀元前三世紀）が刻ませた碑文においてです。近年、マウリヤ王朝以前にブラーフミー文字と呼ばれる文字（左記参照）が存在していた可能性を示す考古物も見つかってはいますが、しかしその考古物の年代については議論があって確定的ではありません。アショーカ王の時代より前に、使者としてマウリヤ朝の地を訪れたギリシア人メガステネス

（紀元前四世紀末）は、当時のインドの内情を記した『インド誌』の中で、書かれたものをインド人たちは知らないという旨を記述していますから、どうも当時のインドにおいて文字は少なくとも公共の場では使用されていなかったようです。

アショーカ王碑文には、岩石面に刻まれたものや石柱に刻まれたものがあります。この碑文で使用された文字は、インダス文字とは違い、幸いにも現在解読済みです。石碑の大部分で使用されるのはブラーフミー文字（梵字）と呼ばれる文字であり、左から右に書かれています。書かれている言語は当時の民衆語に近いものです。高級なサンスクリット語で書いても読めない人が多かったでしょうから、民衆たちが読んで理解できる日常語によせて書かれたのです。

この石碑で使用されているブラーフミー文字はインド系文字の祖先でして、現代インドで広く用いられるデーヴァナーガリー文字のもととなったものです【図7】。インド系文字は日本にも伝わっており、ブラーフミー文字は私たちがお寺でよく目にする悉曇《しったん》文字のご先祖様でもあります。さらに、ブラーフミー文字はチベットの文字や東南アジア諸国の文字の母体でもあります。

このように多くの文字の起源であるブラーフミー文字ですが、果たしてこの文字自体がどこから来たのかという問題については諸説あります［41］。町田和彦先生は「この文字が大帝国を統一したアショーカ王の命により碑文を刻むために考

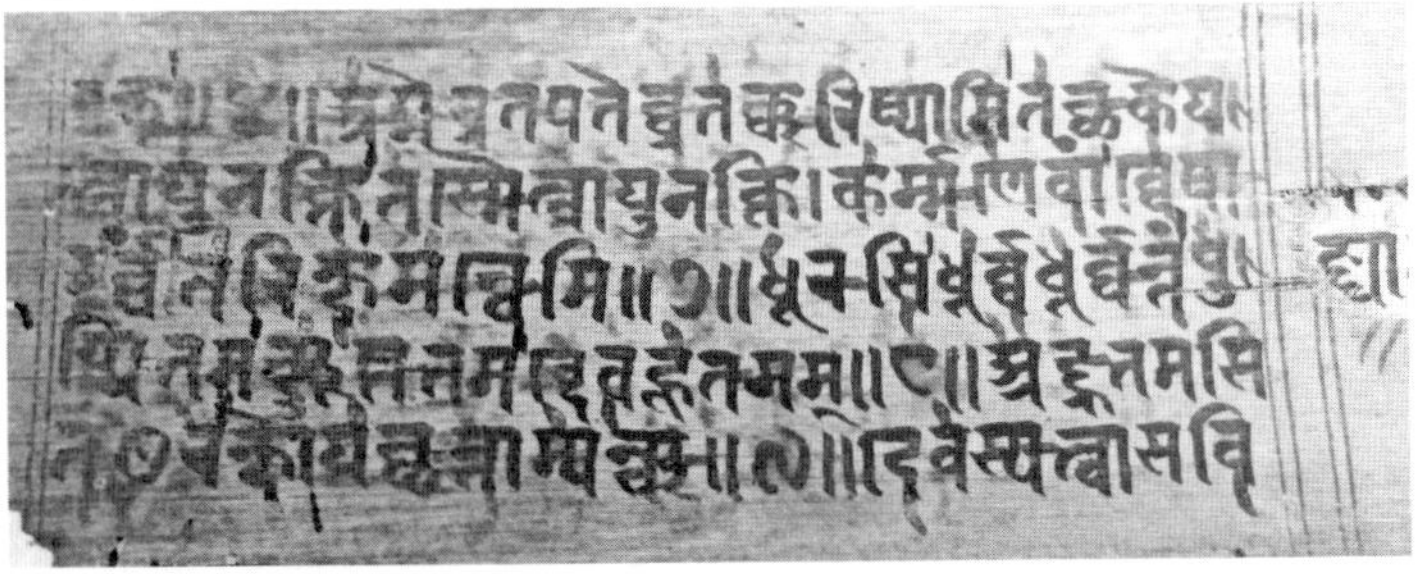

【図7】デーヴァナーガリー文字で書かれたサンスクリット語文献の写本（天野恭子先生より提供）

案されたという可能性は否定できない」と述べています[42]。一方で、アショーカ王碑文の文字は文字としてはかなり発達した段階にあるため、実際の使用の始まりはアショーカ王の時代を一世紀から二世紀ほど遡るとする立場もあります。しかしながら、そのような前時代の文字が記されていることが確かであるような資料は発見されていません。

　アショーカ王の時代以降、インドでは文字の使用が拡大します。たとえば、仏教の一派である説出世部《せつしゅっせぶ》が伝えた仏伝文献『大事』には、世間で使用される文字として、ブラーフミー文字を筆頭に三二種の文字が列挙されています。その中にはギリシア文字や中国文字（漢字）まで含まれていて、当時、インドの地が国際化していたことが窺えます[43]。

　また、大乗仏教の仏伝経典であるサンスクリット本『ラリタヴィスタラ』では、菩薩が白分のこれから学ぶ文字は何かを聞く台詞の中で、六七種もの文字が列挙されています[44]。その中には「神の文字」、「龍の文字」、「夜叉の文字」なるものも含まれていて興味が湧きますが、当時これら三二種の文字や六七種の文字が実際に存在していたのかどうか、つまりこれらの記述がどこまで史実を反映したものかはわかりません。しかし、少なくとも、文字で何かを書き記すという行為がその頃広く実践されていた可能性を示す記述ではあります。

　これらは仏教世界の例ですが、古典インドの文学世界を見てみても、文字を習ってから人は文学の世界に足を踏み入れていたようです。グプタ朝の宮廷詩人カーリダーサ（四世紀～五世紀）が、王家の系譜を歌う作品『ラグ家の系譜』の中で次のような描写をなしています。

［ラグは、］河口を通じて大海に入るが如く、文字を正しく習得して文学に入った。
（『ラグ家の系譜』三・二八後半部）

このように文字の使用が広がりを見せても、ヴェーダ文献の伝承は口伝えによってなされていました。七世紀末、玄奘と同じように中国からインドへ学びにやってきた義浄《ぎじょう》は『南《なん》海寄帰内法伝《かいききないほうでん》』の中で、当時ヴェーダ文献はすべて口承されており、それが紙や葉に書かれることはないことを伝えています［45］。

私たちが暮らす日本はどうでしょうか。

現在の日本の社会は紛れもなく文字の社会ですが、漢字が到来する以前に声の社会だったのか、それとも今には伝わらないが何かしら文字があって、すでに文字の社会だったのかは定かではありません。しかしながら、漢字の到来以前に神代文字《じんだいもじ》のごときものがあった可能性は極めて低く、その頃は無文字時代だったとするのが現在の日本語学界における通常の見解です。

日本でいつ頃から詩歌を文字で書き記すようになったかは判然としませんが、七世紀中頃には詩歌を一字一音の音仮名で記していたことを示す資料が存在しています。「はるくさ木《もっ》簡《かん》」と呼ばれるものです。はるくさ木簡とは、二〇〇六年に難波宮跡から出土した木簡のことで、「皮留久佐乃皮斯米之刀斯」（春草の始めの年）と記されていたことからはるくさ木簡と呼ばれています。これは、何らかの詩歌の冒頭部分を記したものと解されていて、詩歌が書かれた現存最古の木簡です。八世紀頃に編集された日本最古の歌集『万葉集』は文字で表記され、伝えられました。詩歌を書き記したものに限らなければ、日本最古の文字資料は二世紀から四世紀頃にまで遡るようです。

詩人――ことばの達人たち

古代インドの文献の中で、当時の人々が発した最古層のことばを確認できるのは、神々への讃歌集『リグ・ヴェーダ』においてです。ただし、それは人が日常生活で用いていた普通のことばではありません。偉大なる神々を讃えて満足させるために詩人たちが高度な集中力をもって観得した高次元のことばです。

『リグ・ヴェーダ』には、太古の詩人たちが歌った詩歌が編纂されています。左記ではそのような詩人たちと、彼らの舌の上で踊った秀句の特徴を見ていきましょう。『リグ・ヴェーダ』ほどの量と質および古さを持って残されているインド・ヨーロッパ語族の文献は、他にありません。『リグ・ヴェーダ』は、インド・ヨーロッパ語族の詩風と詩壇を知ることができる極めて貴重な第一級の資料なのです。

どんな名称で呼ばれていたか

『リグ・ヴェーダ』の中で詩人たちはさまざまに呼称されます。

まず**カヴィ**です。この語は古典サンスクリット語でも「詩人」を意味するものとして使われています。もともとの意味は「見る者、見者」です。彼ら詩人たちは、またすぐに述べるように、宇宙の理法や神々の活躍あるいはそれらを表現する聖なる詩句を「見て」唱えた存在と考えられています。『リグ・ヴェーダ』では「詩人たちが詩歌を見る」といった表現は出てこないのですが、ヴェーダ祭儀書文献が伝える神話の中では、登場人物たちが何らかの詩やその詩につける旋律を「見てとった」ことが繰り返し語られます。

次に、詩人たちは**ヴィプ**や**ヴィッププラ**または**リシ**とも呼ばれます。ヴィプとヴィップラには「打ち震える者」が、リシには「荒ぶれる者」が原義として推定されています。詩人がこのように呼ばれる背景には、彼らが飲んでいたと思われる特殊飲料の存在があります。それは、現代の麻黄《まおう》に比定される植物**ソーマ**の搾り汁です。詩人たちはこの搾り汁がもたらす興奮と高揚の中、普通の人には見ることができないものを「見た」のです。実際に『リグ・ヴェーダ』では、ソーマに陶酔した詩人たちが精神上で神々の世界へと赴き、そこで神々を「見た」ことが語られています。次の詩歌をご覧ください。

我々は今まさにソーマを飲んだ。我々は今まさに不死となった。
我々は今まさに光へと赴いた。我々は今まさに神々を見出した。
（『リグ・ヴェーダ』八・四八・三前半部）

人が何かを閃いたときに「〜が降りてきた」と現代日本語では表現することがあります。これは、地上にいる自分のところに何かが上から到来した状況を伝える表現です。たとえば、巫女が霊魂を呼び寄せる口寄せも同じ構造をとります。対して、右の『リグ・ヴェーダ』の詩では、地上にいる詩人たちのもとに何かが降りてくるのではなく、詩人たち自身が地上を離れて神々がいる光の世界へ赴いていているようです。

これらの名称に加えて、詩人たちは**ブラフマン**（bráhman）とも呼ばれます。このbrahmánという語とは異なる位置にアクセントを持つbráhmanという語があり、左記に詳しく見ることになりますが、この後者の語は、内容を実現する霊力を持つことば、あるいはそのようなことばの霊力を意味します。このbráhmanという語のアクセント位置を変えることによって派生する当該のbrahmánという語は、霊力あることばを形成して振るうことができる者としての詩人を指すことがあります。これが当該のブラフマンという語の本来の意味かと思いますが、実際の文脈では「祭官学者」と言う意味合いが強いようです。祭官学者とは、霊力あることばについての議論に参加する資格を有する存在のことです[46]。

右でも名を出した古代インドの語源学者ヤースカは、これらの呼称のうち、カヴィとしての詩人を「超越したものを見る者」と説明し、またリシという語は「見ること」という意味を中核に持つとしています[47]。凡人にはおよそ見ることのできない何かを見るという点に、古の詩仙たちの特徴を見ていることがわかります。

どんな訓練を受けていたか

『リグ・ヴェーダ』全一〇巻のうち、第二巻から第七巻は各々の詩人家系の歌を集めた「家集」として知られています。たとえば『リグ・ヴェーダ』第四巻は、太古の詩聖ヴァーマデーマの家系に属する詩人たちの歌が集められた巻です。『リグ・ヴェーダ』の歌がつくられていた時代において、詩人家系に生まれた人々がどのような訓練のもとで一流の詩人へと仕立てあげられたのかは具体的にはわかりません。

一方、『リグ・ヴェーダ』には、しかるべき詩句の力あるいはそのような詩句を形成する能力が父の代から受け継がれてきたことを語っていると思しき歌がありますから、代々何らかの詩人養成の訓練が実践されていたことを推測することはできます。たとえば次の歌を見てください。

親縁関係を通じ　偉大なる者の諸々のことばで　われは［洞穴を］こじ開ける。
それ（詩的能力）は　父ゴータマから　われへ伝わっている。
汝（火神アグニ）は我らのこのことばに気づけ
よき精神力ある最も若きホートリ祭官よ　家系の主人として。
（『リグ・ヴェーダ』四・四・一一）

詩人としての技能は一朝一夕で身につくものではないでしょうから、長年にわたる厳しい修練が必要だったと思われます。そのような辛苦の道を経て一流の詩人が陶冶《とうや》されるのです。ヴェーダ時代より後、古典サンスクリット文学が花開く古典期には、詩人たちがどのような訓練を積み、どのような過程で具体的にことばの芸術たる詩というものを編んでいったかを窺い知ることができる資料は、少なからず残っています。古典期のサンスクリット詩人の生態についての研究は、国内外を含めてまだまだこれからの分野です[48]。私もいろいろと手元に資料を集めていますが、本書の主題とはずれますから、本書で古典期の詩人の話を詳しくすることは控えておきます。

どうやって生活していたか

『リグ・ヴェーダ』の詩人たちが詩歌を吟ずるのは、それによって神々を思い通りに動かし、戦勝や繁栄などといった多様な願望を実現するためです。しかし、詩人たちがことばによって神を動かし実現する願望は、基本的に詩人たち自身の願望ではありません。それは、彼ら詩人たちの雇い主、後援者の願望です。王などの雇い主は詩人に依頼し、神を歌で讃えてもらうことで、自らの願望を叶えようとします。

そのような雇い主たちからの依頼を引き受け、彼ら雇い主たちから報酬を得たり養われたりすることで、詩人たちは生計を立てることになります。一つ注意しておきたいのは、王などから詩人が報酬をもらうと言っても、現代の賞金のようなお金ではありません。報酬とは、牛や馬、戦車、あるいは女性といったものです。

次の詩歌からは、その優れたことばによって敵部族のことばを上回り、神を自分たちの祭場へと呼び寄せることを、詩人たちが期待されていることがわかります。

ことばによって　打ち震える者たちよ　敵のことばを乗り越えよ。
歌い手よ　[我らの]ソーマのもとにインドラを憩わせよ。
(『リグ・ヴェーダ』一〇・四二・一後半部)

「ソーマ」は、インドラ神に捧げられるものとして祭場に用意されているソーマ草の搾り汁のことで、インドラの好物です。ここでは、自分たちの祭式の場に用意したソーマ汁のもとに、讃歌によってインドラ神を呼び寄せることを詩人は期待されています。

このような役割に加え、美辞麗句を連ねて雇い主たちを誉め称え、彼らの名声を高めて不滅のものとすることも『リグ・ヴェーダ』の詩人たちの仕事でした。古典期においても、雇い主である王を称える歌をつくることは王に仕える詩人の主たる役目の一つです。

雇い主の名声は、その武勲や寛大さ（膨大な報酬を与える気前のよさ）を高らかに歌いあげる詩人たちの秀句にかかっています。次の詩歌では、プリトゥシュラヴァス（「広大な名声を持つ者」）という名の雇い主の寛大さが歌われています。そこで言及される「戦車」とは、現代の戦車のようなものではなく、二頭あるいはそれ以上の馬に引かれた二輪の馬車です。古代アーリヤ人たちの移動や軍事活動に使われました。

カニータの息子プリトゥシュラヴァスの種々の贈り物は　よき恩恵をもたらすものである。
彼は黄金からなる戦車を与えて　最も寛大な主君となった。
彼は自らの名声を最も高きものとした。
（『リグ・ヴェーダ』八・四六・二四）

このような詩人の詩歌によって雇い主が高い評判を獲得する一方で、詩人たちの生活は賞賛歌の見返りに報酬などを恵んでくれる雇い主の存在にかかっています。このように、雇い主と詩人は相補的な関係にあります。この関係は、後の時代になっても変わりません。王はことばの専門家としての宮廷詩人を手元においています。詩を論じる理論家として七世紀に活躍したダンディンは、王の名声が詩人のことばによって不滅となることを述べています。

見よ　第一級の王たちの名声という像は　ことばという鏡を得るならば
その［王たち］がいなくなっても　独りでに滅することはない。
（『詩鏡』一・五）

鏡さえあればそこに像がずっと映るように、王たちの名声を歌う詩歌さえあれば、その名声はずっと残るということです。また、九世紀から一〇世紀頃に活躍した詩論家ラージャシェーカラは、王と詩人の互恵関係を端的に指摘しています。

王たちは詩人たちに依拠することで、そして詩人たちは王たちに依拠することで、名声に達すると言われている。詩人には最高の恩人で王に等しい者はいない。そして王には詩人に等しい仲間はいない。
（『詩文探求』二七頁）

このラージャシェーカラの説明によれば、王の名声が詩人にかかっているのと同様に、詩人の名声というものも王にかかっています。詩人は偉大な王を讃える詩歌をこしらえたり、祝祭などの機会に応じて文学作品を創作したりして、それを披露することで有名になることができるからでしょう。

どのように神々と交渉していたか

『リグ・ヴェーダ』に編纂された詩歌は基本的に神々へ向けられたものです。

神々へ捧げられる詩歌と聞くと、神々の絶対的な力の前に服従し、まったく無力な人間としてその恩恵をひたすら乞い願うような内容をこれら詩歌に対して想像するかもしれません。しかし、一般的に言って『リグ・ヴェーダ』の詩歌はそのような性格を帯びたものではありません。むしろ詩人たちの歌は、厳密な契約関係（「与えて取る」［ギブアンドテイク］の関係）と次々節で見ることばの霊力を背景として、神々をしかるべき行動へと促して望みのものをもたらそうとする性格を持っています。事実、『リグ・ヴェーダ』讃歌には、話者の強い意志を表わす接続法「〜すべし」や命令法「〜せよ」の語形が圧倒的に多いことがわかっています。神々に懇願するのではなく、命令するのです。

このように、ことばが神々をも動かすという発想はインドに限ったものではありません。井筒俊彦によれば「呪文を声に出すことで自分に利するよう神々を強制し強要するという観念」は、「古代人の心にとってまったく不自然では」なく、たとえば「古代エジプトの呪術師や魔術師は、高位の神々を前に卑しくひれ伏し助けを請うことに満足せず、代わりに脅迫や威嚇で神々を説き伏せようとした」のです[49]。

右に「厳密な契約関係」という表現を使いました。これは、詩人がその優れた歌をもって神々を讃えたならば、神々はその見返りとして詩人や詩人の雇い主（部族長、王）が所望するものを必ず授けなければならない、という関係を指しています。詩人と神々の間にあるこのような関係はヴェーダ祭儀書文献に残された次のような文言によって明確に表わされています。

汝はわれに与えよ　われは汝に与える。
汝はわれに渡せ　われは汝に渡す。
汝はわれにもたらしつつも［更に］もたらせ　われは汝にもたらす。
（『タイッティリーヤ本集』一・八・四・一）

つまり、物々交換です。

詩人は称賛の歌を神々へと贈る。神々はそれに応じた果実を詩人や詩人の雇い主のもとに届ける。

ただし、このとき、神々へと贈られる歌は高品質でかつ目新しいものでなければなりません。私たち人間と同じで、質の悪い品を受けとっても神々は喜びません。また、いつも同じものをあげても、やはり神々は喜びません。神々へと捧げられる詩人たちのことばの特質を次節で見ることにいたしましょう。

どんな風にことばを編んでいたか

九世紀後半にカシミールで活躍した文人ジャヤンタは、詩人たちが駆使するサンスクリット語を「際立つサンスクリット語」と述べて、通常のサンスクリット語よりも高水準のものとしてとらえました。『リグ・ヴェーダ』において、そのような高水準のことばを創造する詩人たちの営みは、優れた職人の大工仕事に例えられています。次のような詩歌があります。

この頌歌《しょうか》を　汝のために　力強く生まれた者よ

打ち震える者たるわれは　才知にたける職人が戦車を造形するが如く　造形した。
（『リグ・ヴェーダ』五・二・一一前半部）

積み上げられた経験と技術を持って職人が戦車をこしらえるように、詩人もそのような経験と技術をもって詩歌を造形するのです。ここで「造形した」と訳した原語はアタックシャム（atakṣam）であり、この定動詞形のもととなっている動詞語根タックシュ（takṣ）は、大工が職人技をもって木材を組み立てていく様を表現する単語です。

『リグ・ヴェーダ』の詩歌は**祭文**（マントラ）とも呼ばれますが、「祭文を造形した」という表現形式は、インド側の『リグ・ヴェーダ』とイラン側の『アヴェスタ』に等しく保存されています。『リグ・ヴェーダ』七・七・六に出る「祭文を造形した［男らしい者らは］」（マントラン...アタックシャン［mántram... átakṣan］）と『アヴェスタ』「礼拝」二九・七に出る「［アフラ・マズダーは］祭文を造形した」（マンスラム タシャトゥ［mąθrəm tašat̰］）です。インドの地とイランの地にそれぞれ入った人たちは、インド・イラン期と呼ばれる時代、もともと一緒に生活をしていました。ですから、インド側とイラン側それぞれの文献の中には同じ形あるいは類似した形をとった表現が残されているのです。

詩作を何か具体的な物をつくる過程になぞらえる表現は、古代インドだけにとどまらず広く観察されるものです。日本語でも「詩を編む」や「詩を織る」と言ったりしますし、「詩《し》織《おり》」という名前が新たに誕生した女の子に付けられることもあります。面白いことに、男の子には普通「詩織」という名前は付けません。

ともあれ、『リグ・ヴェーダ』にも、ことばを織る、編むという言い方が出てきます。たとえば一・六一・八の「[神々の妻たちは]歌詞を編んだ」です。さらに『リグ・ヴェーダ』五・五四・一には、「われはこのことばを塗り飾ろう」という表現も見られます。これら「編む」や「塗り飾る」という表現からも、詩人の詩作が高い経験と技術のもと具体的な物をつくる行為であると理解されていることを読みとれます。

熟練の職人がその腕を奮うがごとくにして詩歌を築きあげるとき、詩人たちは、韻律・詩的技巧・表現・内容といった点で代々受け継がれてきた詩的な伝統の枠組みの中にあります。それら伝統的な詩作法に従って詩をつくるのです。しかし、伝統に従うと同時に、詩人たちは何らかの点で旧来の詩歌とは異なる新しい詩歌を編み出す必要がありました。先ほども述べたように、神々は新しい歌を好むからです。いつも同じ歌を歌われては神々も飽きてしまう。現今の詩人たちは、たとえば神々の誉れある偉業を新しい歌で再び讃えなおすことによって、過去の詩人たちがそうしたように、神々を望みの行動へと再び駆りたてるのです[50]。

『リグ・ヴェーダ』三・三一・一九において、詩人は「われは太古に生まれた[詩歌]を、先の「それ」に対して、より新しいものとなす」と宣言しています。古典期でも、サンスクリット詩には、伝統の枠組みの中にありつつ常に何か新しい仕掛けが模索されました[51]。そこでは何が語られるかというより、それをどのような新しい仕方で語るかの方が大事でした[52]。

『リグ・ヴェーダ』より後のヴェーダ時代においては、神々へ働きかける祭礼の場で『リグ・ヴェーダ』の詩歌は祭文として朗唱されましたが、そのときにはすでに編集され固定された『リグ・ヴェーダ』の詩歌が用いられ、その都度新たな歌がつくられるということは基本的にありませんでした。

ことばに宿る霊力

詩人たちが伝統的な詩作法と正しい文法に従いつつ詩歌を新しいものに仕立てるとき、そのような詩歌には内容を必ず実現する霊力、実現力が宿ります。そのようなことばの実現力は、ブラフマンと呼ばれます。『リグ・ヴェーダ』一・一五二・二では「見者らが唱えた荒れ狂う祭文は実現する」と高らかに宣言されており、自らの詩歌が必要条件を満たしたとき、その内容は必ず実現すると詩人たちが確信していたことが窺われます。詩人は詩人でも、格上の詩人と格下の詩人がいたようで、より格上の詩人が発することばにはより高い実現力が宿るという観念も『リグ・ヴェーダ』には看取されます[53]。

このように、ことばは正しく発せられたときにのみ効力を発揮します。したがって、後代に『リグ・ヴェーダ』の詩歌が祭文として祭式の場で唱えられるとき、原則的には本来の形が厳密に保たれなければなりません。本来の形が崩れてしまっては、もはやことばの霊力はその地盤を失うことになるからです。祭文の正確無比な伝授に細心の注意が払われた所以です。

それゆえ、祭文を構成する単語の音、文法、発声法を考究する学問が古代インドでは発達しました。一方、これまであまり注目されてはきませんでしたが、祭文が効果をあげるためには祭文の発声者がその真の意味を理解した上で発声しなければならないとする立場もあり、祭文を構成する単語の語源的な意味を突きとめる学問として語源学も発達しています。呪力を備えたことばを改変してはならないことは古代エジプトでも同じだったようです[54]。

ここまで読んできた読者は、ことばの霊力ブラフマンというものから本邦の**言霊**をただちに連想するかもしれません。実際、両者はことばの内容を実現するという性質を共有しています。小学館の『古語大辞典』が与えている言霊の説明を見てみましょう[55]。

上代では言語に霊力があり、願望・祝福の言葉を述べれば幸運や祝福が実現し、その反対に、不吉・怨恨の言葉を述べれば、その語により禍難・凶事が実現するという考え方があった。つまり、言語には霊力がこもっていて、その霊力が禍にも福にも働くと考えた。これが言霊信仰で、……。

この説明は、ことばの霊力ブラフマンにもそのままあてはめて構わないと思います。しかし、ブラフマンと言霊では異なる点もあります。言霊思想では、原則として、霊力は神々の領域に属するものであり、ことばの内容の実現には神々の主体的な働きかけが必要であるのに対し、ブラフマンの思想においては、人間は神の力を借りずともことばの霊力を行使することができます。詩人たちが正しくことばを発すると、神々ですらその力に抗うことはできません[56]。このような実現力を持ったことばは、詩人たちの頭部にある思考作用によってつくられ、心臓に位置する意思の力（精神力）を用い、口にある発語機能によって発せられるものです[57]。このようなことばは、神々の心臓へと届けられると考えられています。

現代日本において言霊を信じている人も信じていない人もいるように、インドにおいても誰しもがこのような祭文の霊力を確信していたわけではありません。たとえば、インド中世の高名な**仏教哲学者ダルマキールティ**（七世紀）は次のように述べて、ことばを操る司祭階級の者たちに批判の矛先を向けています。もし何らかの結果をもたらす効力が祭文のことばに由来するものであるならば、誰が唱えても祭文は同じ結果をもたらすはずであり、祭文を操る婆羅門たちの優越性が脅かされてしまうであろう、と[58]。

しかしながら、このダルマキールティによる批判は、私たちが見てきたことばの枠組みづけの観点を考慮すると、やや的外れのようにも思えます。ヴェーダ儀礼の場で唱えられる祭文は、師のもとに入門し、正しい発音や韻律などを学んで、何らかの儀礼的な状況にある公式の場で唱えられるものです。このような内的かつ外的な枠組みづけを伴った上で発せられたとき、初めて祭文というものは効力を持つのであり、誰であれ音だけをなぞって発声しさえすればよいというわけではありません。私が今、大学の研究室でヴェーダ文献に伝わる祭文を自己流で唱えたところで、何も起こらないのは当然なわけです。

ことばの起源とは

人類は言語をどのようにして獲得したのでしょうか。言い換えれば言語の文法体系はどのようにして生まれたのでしょうか。人は成長の過程でそのような文法体系をいかにして習得するのでしょうか。このような問いは、古くから現在に至るまで人々の心をとらえて離しませんでした。これらのうち、第一の問いは言語の起源を問うものであり、第二の問いは言語習得に関わるものです。

まず初めの問いについて見てみましょう。

西洋では一九世紀頃まで、ことばは神から授けられたとする言語神授説が根強く君臨していました。インドでも論理学派の一派が言語神授説を固持しています。『リグ・ヴェーダ』

八・一〇一・一六でも、ことばの女神は神々のもとからやって来た存在であることが述べられています。次の『リグ・ヴェーダ』の詩は、神々が生み出したことばを世界の動物たちは発していることを語っています。

神々はことばの女神を生んだ。
あらゆる姿の動物たちがそれを発している。
(『リグ・ヴェーダ』八・一〇〇・一一前半部)

ヴェーダ祭儀書文献には次のような物語も伝えられています。

ことばは、顔を背けて、区分/形成されないままに話していたのだ。そこで神々はインドラに言った。「汝はこのことばを我らのために区分/形成せよ」と。……それ(ことば)の間(内側)にインドラは歩み入り、それを区分/形成した。それゆえ、この[我々の]ことばは区分/形成された形で話されている。
(『タイッティリーヤ本集』六・四・七・三)

この神話によれば、当初、ことばは一切の秩序を欠いて混沌としていたようですが、そのようなことばの内部にインドラ神が入り込み、それを体系的な形へと組織立てたようです。

右記は言語の起源を神話的に説明するものですが、そのような神話的な色彩を排した言語起源論を求める形で、ドイツのベルリン科学アカデミーは一七七〇年一月一日締め切りの懸賞論文を公募しました。その要求には次のようにあります[59]。

> 人間がその自然な能力に身を任せるとしたら，彼らはことばを発明することができるだろうか？ そしてどのようにして人間は独力でこの発明品に到達するだろうか？ 要求されていることはこの事を明瞭に説明し，困難な問題すべてに答えるような仮説なのである．

アカデミーが受理した三〇本の応募論文のうち、賞を獲得したのはヨハン・ゴットフリート・ヘルダーという人の「言語起源論」という論文でした[60]。しかし、同論考でヘルダーが提示する説もそうなのですが、当時、言語の起源を論じたものには実証的な議論がなく、思弁的な議論が多く行われていました。そのような状況を見かねたパリ言語学会は、一八六六年に言語の起源を問う発表を禁じるに至ります。

本節で最初に掲げた問いのうち、第二の問いに関して言えば、年長者が行うことばのやりとりを観察することで子どもは帰納的に言語体系を学んでいくというのがサンスクリット文献に散見されるインド人たちの見解であり、これは私たちの直感的な理解に沿うものだと思います。しかしながら、子どもは言語構造にごくわずかに、しかも偶然的にさらされるだけで、驚くほど複雑な文法の知識を獲得します。

そこで、アメリカの言語学者ノーム・チョムスキーは、ことばの構造的な知識は生まれながらにして与えられていると考えました。環境から個々の単語の音と形態に関する情報が提供されるものの、話し手は環境からの類推によって複雑な構造的知識を構築しているのではないのだ、と。人が教えられずとも生まれながらにして肺を動かして呼吸し、目を使って対象を見ることができるように、脳内にある言語器官は言語の構造的な知識を生得的にすでに与えられているものとして働かせるのだ、と。

普通の話し手は有限の蓄えの中から決まった形の表現をただ取り出しているのではなく、日常的に新たな発話を生成しています。チョムスキーにとっては、文法は習慣でも記憶された型の集合でもなく、その操作によって無限に発話を生み出す原理の体系なのです[61]。

ちなみにこのチョムスキー、すでに九〇歳を越えていますがまだまだお元気なようで、二〇二〇年一一月にオンラインで行われた日本言語学会第一六一回大会の二日目には、彼の公開講演が開かれました。私は残念ながら公務があって途中から参加したのですが、その時点で視聴者は六〇〇人を越えていて、今でも多くの注目を集める大学者であることがわかります。

ことばにはどんな種類があるか

もともと人類は同じ一つの言語を話しており、そのため容易に意思疎通ができた。そこで、協力して「その頂が天に達する一つの塔」を造り、自分たちの名を高めようとした。この光景を目にした神ヤハウェは「今に彼らの企てる何事も不可能なことはなくなるであろう」と考え、人類のことばを乱すことで容易な意思疎通を不可能なものとした［62］。

現在、世界には多くの言語が話されています。研究者の多くはその数をおおよそ五〇〇〇と見積もっているようです。言語がかくも多様になったのは、この『旧約聖書』「創世記」が語る「バベルの塔」の逸話によれば、人間の高慢さに起因します【図8】。本来一つであった言語が何らかの原因により多様化したとする「バベルの塔」のような話は、インドの仏教文献にもあります。それによれば、人が飲食を覚えたせいで時代は下降の一途を辿り、「へつらい曲がった心」が多くなり、その結果としてさまざまな言語が生じたり、言語を話せない者まで出てくることになったとされています［63］。

さて、言語の種類に対する当時の人たちの理解として

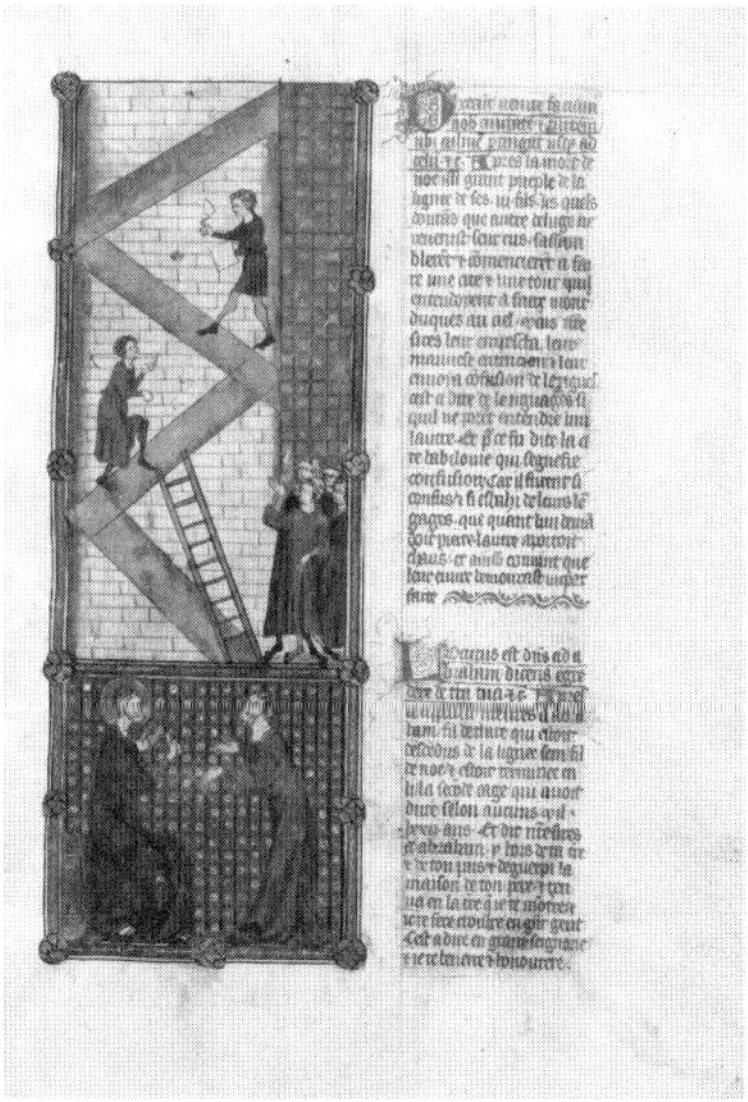
【図8】写本に描かれたバベルの塔

ヴェーダ文献からはどのような情報が得られるでしょうか。ヴェーダ祭儀書文献で提示される解釈によれば、次の『リグ・ヴェーダ』の詩歌は、世界には四種類の言語があることを述べたものです。

ことばは　測りきったならば　四つの足跡である。
それらを　思考の働かせ方を知る婆羅門らは知っている。
三つは秘密裏に置かれ　彼らが動かすことはない。
ことばの四分の一を　人間たちは口にしている。
（『リグ・ヴェーダ』一・一六四・四五）

通常の人間が知り、日々使用しているのは四種の言語のうちの一つであり、残る三つを凡夫たちが知ることはない。それらを知るのはことばを司る司祭階級の婆羅門たちのみであり、彼らがこの三つの秘密言語を使ったり広めたりすることはない。

婆羅門たちだけが知るこの三種の言語が一体何であるのか非常に気になるところですが、『リグ・ヴェーダ』自体はこれ以上語ってくれません。『リグ・ヴェーダ』全体をドイツ語に訳したゲルトナーという学者は、それら三種の言語を神々の言語であると解しています[64]。一方で、ヴェーダ祭儀書文献はこれら三種の言語に対して多様な解釈を施していて、それらの一つは家畜たちの言語とされたり、鳥たちの言語とされたりします[65]。この場合、婆羅門たちはそのような言語をも理解できる、もしかすると話すこともできるということになるのでしょうか。

これ以外にも、ことばを正しいことばと正しくないことばという二種に分ける場合もあります。たとえば、本書の一五一頁でも触れる『リグ・ヴェーダ』一〇・二三・五では、ばらばらなことば／逸脱したことばを話す者たちやぞんざいなことばを話す者たちを正しいことばを用いて倒すインドラの武勲が歌われます。ここでは、ヴェーダ祭式を実践するアーリヤ部族が話す正しいことばとそれを実践しない異部族が話す正しくないことばが対比されていると思われます。

前節では、神々がことばを生み出したことを語る『リグ・ヴェーダ』八・一〇〇・一一を引用しました。この神々が生み出したことばは紛れもなく正しいことばであると考えられますが、この神々のことばに呼応するかのように、本書の第2章で取りあげる祭儀書文献には「魔神たちのことば」という表現が出てきます。物語上、この表現は「正しくないことば」を指しています。ここで言われる魔神が「異部族」を象徴しているとすれば、異部族の者たちは正しくない崩れたことばを話すという認識が当該箇所にも見てとれることになります。

この文脈で言語哲学者バルトリハリの議論を関説しておきたいと思います。バルトリハリは、一つの言語体系の中で人が用いることばを三段階に区分しています。次の三つです。

一　分節をもって実際に発せられたことば
二　分節状態にあるが未発声の思考上のことば
三　未分節、未発声の根源的なことば

これらのうち、三番目のことばは、ことばの究極的な姿としての**声梵**《しょうぼん》であり、ことばと意味の融合体です。そこから実際のことばが生まれ、私たちの意味世界が展開します。分節を持たない究極的なことばの形態は、右記で見た神話においてインドラが区分／形成した根源的なことばに対応すると考えることもできるでしょう。井筒俊彦の東洋哲学にあてはめれば、絶対的無分節の存在者にあたります。

神となったことば

内容を実現する霊力のあることば、またはそのようなことばの実現力たるブラフマンは、ウパニシャッド哲学において宇宙の最高原理と同一視されるようになります。詩人たちが発する実現力のあることばが、神々を、そして世界を動かすものであったことがこの背景にはあるのでしょう。このブラフマンは、バルトリハリが立てたことばの究極体としての声梵にもあたります。声梵とは「**ことばたるブラフマン**」という意味です。

このブラフマンは、もともとはあくまで詩人たちが発する高次元のことばなのですが、より範囲の広いことばを意味する単語としてヴァーチュというものがあります。前節で見た『リグ・ヴェーダ』一・一六四・四五において、四種類の言語を指す単語として使用されていたのはこのヴァーチュです。ことばとしてのヴァーチュは『リグ・ヴェーダ』の段階ですでに神格化されており、ヴァーチュを讃える詩歌が存在します。ヴァーチュという単語は女性名詞ですので、ヴァーチュはことばの女神として描かれることになります。

『リグ・ヴェーダ』一〇・一二五・四では「[それを]考えること無しに彼ら（神々や人々）はわれ（ことば）のそばで安住する」と語られており、神々も人間もそれとは意識せずにことばに依拠して暮らしていることがわかります。神々も人間もことば無くしては日々の生活が成り立ちません。ことばたるヴァーチュは『リグ・ヴェーダ』八・一〇〇・一〇では「神々の支配者」と呼ばれています。日々の安定した生活を保障するために人間たちが挙行する祭式も、ことば無くしては成立しません。

祭場や祭式用具を聖化するとき、神々への供物を準備するとき、そして神々を呼び寄せ、讃え、供物を火に投ずるとき、ヴェーダ祭式ではさまざまなことばが唱えられます。ことばがあってはじめて祭式は可能となり、祭式を通じて神々は養われ、人間には果報が約束されます。このように、ことばの女神は神々や人間の一切を支える存在なのです。次の『リグ・

ヴェーダ』の詩では、そのようなことばのあり方が歌われています。右に引いた『リグ・ヴェーダ』一〇・一二五・四と同様この詩は、アイヌ民族の神謡のように、ことばの女神その人が語る自叙の形式をとっていますが、祭官詩人が儀礼の場でことばの女神を憑依させて語るものと解釈されることがあります。アイヌの神謡の一部も、祭儀の際に演じられる呪術的な仮装舞踏劇の中で神に扮した者が発する台詞がもとになっているとされます。

われはルドラ神群と共に　ヴァス神群と共に　動き回る
われはアーディティヤ神群と共に　そして一切神と共に。
われはミトラとヴァルナの両者を維持している
われはインドラとアグニを　われはアシュヴィン双神の両者を。
(『リグ・ヴェーダ』一〇・一二五・一)

われは膨れあがるソーマを維持している
われはトヴァシュトリとプーシャンを　バガを。
われは動産を定めおく　供物を手にした者に
よく追い求める者に　祭式を挙行する者に　[ソーマを] 搾っている者に。
(『リグ・ヴェーダ』一〇・一二五・二)

『リグ・ヴェーダ』一〇・一二五・三ではことばの女神が端的に「諸々の財を集める者」と表現されますが、これは、ことばを通じて祭式が挙行され、それによって富が得られるからだと思われます。

祭式を通じて生活に必要なものをもたらしてくれることばは、生活に必要不可欠な乳を与えてくれる雌牛に見立てられます。『リグ・ヴェーダ』八・一〇〇・一一でことばと雌牛が同一視されるとき、雌牛を指す語として使用される単語はデーヌというものなのですが、この語はまさに乳を出す期間にある雌牛、つまり乳牛を指す特定の単語です。文法家パタンジャリ（紀元前二世紀）が文法的に正しいことば遣いがもたらす果報を説明するために引く句の中でも、ことばは果報をもたらす雌牛に見立てられています。

一つのことばであっても、文法学に従って正しく知られ、正しく使用されるならば、それは天上界において如意牛（望み通りのものを生み出す雌牛）となる。

（『大注釈』第三巻五八頁）

放牧しながら移動する生活を送る人々にとっては、手元にある雌牛たちは食物と水分の源の一つです。今のようにスーパーやコンビニへ行けば食べ物と飲み物が手に入るわけではありません。食べられるものや飲めるものにいつどこで出合えるのか、常にその確証はない不安定な状況にあります。牛をはじめとする家畜たちは生活の生命線なのです。

牛の中でも特に雌の牛は、人間が食べることができない草を食べてそれを乳として出してくれる点で極めて貴重な存在であり、その乳からチーズ、バター、ヨーグルトといった乳製品をつくることもできます。雌牛がもし家畜としての用を足さなくなれば、屠殺して肉にありつけますし、犠牲獣として神に捧げることもできます【図9】。『リグ・ヴェーダ』には雌牛へ向けられた歌もあります（六・二八）。

右に述べたように、『リグ・ヴェーダ』においてことばの女神ヴァーチュがこのような雌牛に見立てられていることから、ことばというものがまさに生活の生命線だったことがわかります。ことばを使って祭式儀礼を日々実践していないと、日々の生活の維持と発展は約束されないという観念がそこにはあるのです。

インドにおいて牛の崇拝は後の時代まで続きます。古典サンスクリット文学において偉大な人物が牛に例えられることは稀ではないと思います[66]。

【図9】南西イラン出土の牛像

ことばと思考の不思議

すでに述べたように、ことばと対象の関係を習得した段階に至っては、ことば無くして何らかの内容を思考することは困難と思われます。あらゆる思考にはことばが伴うからです。また逆に言えば、あらゆることばには思考が伴います。ことば無くして思考することはできません。それと同時に、思考を欠く形でことばを表象することもできません。

ことばと思考、一体どちらが先なのか。両者には一体どのような関係があるのか。ヴェーダ祭儀書文献に伝わる、ことばと思考が優劣を競った物語によれば、少なくともその物語の作者（たち）は思考がまず先にあり、それをことばが伝えると考えていたようです。どんな物語なのか見てみましょう。

さてここで、他ならぬ思考とことばの優越性について論争が起こった。すなわち、思考とことばが優越性を巡って論争したのだ。そこで、思考が言った。「われこそが汝より優れている。汝はわれが理解していないことを何も語ることはないのだ。そのような汝は、われがなしたことの模倣者、われの追随者であるゆえに、われこそが汝より優れている」と。一方、ことばは言った。「われこそが汝より優れている。まさしく、汝が知っていることをわれは広く理解せしめる。われはしかと理解せしめる」と。彼ら二人はプラジャーパティ

（造物主）に裁定を仰ぎにいった。するとプラジャーパティは他ならぬ思考を支持する判定を下した。「思考こそ汝より優れている。汝は思考がなしたことの模倣者、思考の追随者なのである。より劣った者が、より優れた者のなしたことの模倣者、より優れた者の追随者となるのだ」と。

（『シャタパタ梵書』一・四・五・八〜一一）

ここで裁定者として登場する**プラジャーパティ**は、ヴェーダ祭儀書文献の時代においてもっぱら世界の創造神として描かれる神です。人にはまず思考があり、その思考された内容をことばが外部へと伝える。したがって、ことばは思考を模倣するものにすぎず、思考の跡を追うものにすぎない。この点からプラジャーパティは優劣論争の軍配を思考側に挙げています。ここでは、話し手の視点に立った判決がなされていると言えます。私たちが何かをことばで表現するとき、まず何かを思考し、その思考内容をことばで言い表わすという過程が考えられているのです。

一方、聞き手の視点に立つと、どうなるでしょうか。プラジャーパティの判決は覆るはずです。聞き手は話し手が発したことばを聞いて、そこからことばの意味内容、言い換えれば話し手の思考内容を理解します。この過程では、ことばの方が先にあり、それは思考内容を理解するための原因として機能しています。このようにことばと思考は互いに原因ともなり結果ともなるのです。ことばは思考内容たる意味の原因であり、思考内容たる意味もまたことばの原因です。この点を明示したバルトリハリの言明を引用してみましょう。前半部は聞き手の視点から、後半部は話し手の視点から、ことばと意味の関係を述べたものです。

ことばは意味の原因である。何故ならそれ（意味）はそれ（ことば）により生まれるから。そして同様に、ことばは知の領域にある意味から理解される。
（『文章単語論』三・三・三二）

ヴェーダ祭儀書文献には、思考とことばがそれぞれ働く範囲を比較した記述もあります。

ことばは思考より小さいのである。なぜなら思考は、言わば、より測りきられておらず（領域がより限定されておらず）、ことばは、言わば、より測りきられている（領域がより限定されている）から。
（『シャタパタ梵書』一・四・四・七）

ここでは、ことばで表現できる事柄よりも思考できる事柄の方が範囲が広いということが述べられているように思われます。とても興を呼ぶ記述なのですが、どうも私にはしっくりきません。何かを思考できるならば、それはことばによって表現できるはずなのです。この考え方には、言語の限界と思考の限界を一致させる言語哲学者ウィトゲンシュタインも首肯してくれるはずです。近代言語学の祖としての呼び声が高いソシュールも、ことばに依存しない概念はないとしています。

しかし、右の引用の中では、思考の方が範囲が広いというようなことが述べられています。一体何が意図されているのでしょうか。現段階で私には明確な答えがありませんが、もしかするとこの記述は、ことばを介さない思考というものを認める立場を表明したものなのかもしれません。サルトルの小説『嘔吐』に登場するロカンタンは、まさにそのような脱言語的な思考というものを経験しています。ことばなしに対象を思考するのです。これは、ことばが及ばない対象のあり方、ことばによる色づけを欠いた対象の真の姿をとらえる思考です。

バルトリハリも『文章単語論』二・二九七において言語表現されることのない非日常的な認識というものを認めています。このような非日常的な認識は行者や一切知者がとらえる認識であると自註では言われています。さらに『文章単語論』二・一三九を見ると、リシ（聖仙）と呼ばれる人々の認識が真理をとらえるとき、そのような認識は言語化の対象ではないことが述べられています。

第1章

ヴェーダ神話集その一——内容通りの事柄を引き起こすことば

1 導入

これからいよいよヴェーダ神話の世界に入っていきます。

まず本章では、内容通りの事柄を引き起こすことばの力を見てとれるヴェーダ神話を扱います。神話に関わる要素を含めて丁寧に説明しつつ、ときおり私自身の考察も交えながら進んでいきたいと思います。このやり方は続く第2章と第3章でも同じです。そうすることで、あまり馴染みがないであろうヴェーダ神話の世界を読者の皆さんに紹介しつつも、単なる紹介には終わらない深みを持った本になっていれば幸いです。

具体的なヴェーダ神話に入る前に、その中身をそのまま実現することばの力というものについて、序章では触れなかった情報や資料を用いながら、少しばかり概観しておきたいと思います。この方針もまた、続く第2章と第3章でも同様です。

婚礼での発言

花嫁は創造主によって祝福された

「幸ある女よ、汝は英雄を生み出す者となれ」と。

（『クマーラの誕生』七・八六前半部）

これは、序章でも名を出した古典インドの大詩人カーリダーサの作品の一つである『クマーラの誕生』からの一節です。ここは、シヴァ神と山の娘パールヴァティーとの結婚式を描く一場面で、来賓の一人である創造主ブラフマーが花嫁であるパールヴァティーに祝福のことばを投げかけているところです。

このことばの内容通り、パールヴァティーは将来、悪魔ターラカを倒す軍神クマーラを生むことになります。面白いことに、物語の筋書き上はたしかにクマーラが生まれて悪魔ターラカを倒すことになっているはずなのですが、『クマーラの誕生』はシヴァとパールヴァティーの新婚旅行をその第八章で描いて幕引きとなります。クマーラが生まれる場面も、彼が悪魔ターラカを倒す場面も描かれずに終わるのです。

これを説明するための一つの解釈は、シヴァとパールヴァティーの新婚旅行と新婚初夜を描くことで息子クマーラの誕生は十分に示唆され、それが十分に示唆されることでターラカの討伐も十分に示唆されることになるから、カーリダーサはそれらをわざわざ描き出すという野暮ったいことはしなかった、というものです。すべてを直接的に描くよりも、何かをほのめかす形で終わる方が作品としてより魅力的になるという考え方です【図1】。

さて、この結婚式の場での創造主の祝福のことばは、子を産むという内容通りの事柄を引き起こすことになっています。結婚式の場は儀礼的な場であり、儀礼的な状況が整えられていることによって、そこで発せられることばが高められるという話は序章でしました。

日本には、婚礼の場では使用を避けられるべき不吉なことばとして「**忌みことば**」というものがあります。なぜ婚礼の場では忌みことばを避けねばならないのでしょうか。すでに序章で述べたように、ことばが外的に高められた状況にある婚礼の場では、ことばがその通りの内容を現実にもたらしてしまうという観念がその背景にあるからではないかと考えることができます。なにか不吉なことが起こっては大変ですから、忌みことばはなんとしても回避されねばならないのです。

日本語には、忌みことばを避けるためにつくられた表現がいろいろとあります。よく知られた例としては、「お開きにする」という表現です。私たちは普通、この「お開きにする」をなにかしらの会を開始するという意味ではなく、それをおしまいにするという意味で使います。「終わり、おしまい、終了」などは不吉なことばと見なされて回避され、それとは真逆のことば「開き」を使って、会の終わりを表現しているのです。これは、忌みことばを避けるための一つの形式であり、「**反用**」と呼ばれるものです[一]。「お開きにする」は特別な

【図1】共に坐すシヴァ神と妃パールヴァティー

婚礼の場だけではなく、庶民的な飲み会のときにも使われています。

内容の実現を狙う呪文

本書は発声される呪文の力というものを扱うものですが、そのとき、言及せずにはいかない有名な呪文が世の中にはいくつかあります。序章では触れる機会がなかったので、ここで述べておきましょう。左記で言及するいずれの呪文も、その内容通りの事柄の実現を意図したものです。

一つ目は、「**メルゼブルクの呪文**」と呼ばれるもの。古高ドイツ語という古い言語で書かれていて、あの『グリム童話』を編集したグリム兄弟のうちのお兄さん、ヤーコプ・グリムが解読に取り組んだことでも知られる呪文です。現存する写本は一〇世紀頃のもので、呪文の原文がつくられたのは八世紀以前であろうと言われています。キリスト教改宗以前、ゲルマン古来の精神が反映された古い呪文です。

このメルゼブルクの呪文は二部からなるのですが、その第二部は「**馬の呪文**」と呼ばれていて、前半部は呪文の神話的な背景を語り、後半部が実際の呪文となっています。キリスト教への改宗後も、ドイツの民衆間で口承され続けていたようです。やはり呪文の雰囲気を味わってもらうべく、原文とともに和訳を提示してみましょう［2］。

Phol' ende Wōdan vuorun zi holza.
dū wart demo Balderes volon. sīn vuoʒ birenkit.
thū biguol en Sinthgunt, Sunna era swister,
thū biguol en Frīja, Volla era swister,
thū biguol en Wōdan, sō hē wola conda.
sōse bēnrenkī, sōse bluotrenkī,
sōse lidirenkī:
bēn zi bēna, bluot zi bluoda,
lid zi geliden, sōse gelīmida sīn!

かつて子馬とウォーダンは　一緒に森へ赴きぬ．
主神の馬はその際に　己が足をば挫きたり．
シンズグントと妹の　スンナはそこで呪《まじな》いぬ．
次にフリヤと妹の　フォラとが馬に呪いぬ．
その後《のち》馬にウォーダンが　蘊蓄《うんちく》通り呪いぬ．
かように骨の折れたるも，　打ち身の傷も直れかし，四肢の捻挫も癒えよかし.
骨子は骨に付けられよ，　血汁は血へと戻されよ，
肢体は四肢に付けられよ，　しかと膠《にわか》で付くが如.

このように、馬の怪我をそのことば通りに治すことを意図する呪文となっています。古期ドイツ語で残されている呪文はすべて不幸を追い払うためのものであり、他人に危害を加えるためのものは存在しないようです。

この「馬の呪文」との関連で述べるべき次の呪文は、**古代インドで編まれた呪法集『アタルヴァ・ヴェーダ』**四・一二の呪歌です。『アタルヴァ・ヴェーダ』の古い部分は紀元前一〇〇〇年頃まで遡ると推定されていて、ヴェーダ語で著されています。さて、この『アタルヴァ・ヴェーダ』四・一二は、骨折を治療する際に唱えられる呪文なのですが、内容と表現の仕方が右に見たメルゼブルクの馬の呪文と類似していることから、これら二つの歌がインド・ヨーロッパ語族共通の文化から発しているものかどうかを巡って、これまで注目を集めてきました。『アタルヴァ・ヴェーダ』側の歌では、治癒の対象が何であるのか明言はされていませんが、その内容から判断して、やはり馬であると考えられています。

かなり長い呪歌なのですが、せっかくの機会ですので訳文を提示してみましょう。右に見たメルゼブルクの「馬の呪文」とどれくらい似ているか、比べてみてください[3]。

お前はローハニー　生やす者である。
折れた骨を生やす者。
これを生やせ　押し退けない者よ。
お前の［胴体に］くじいた　お前の［胴体に］痛みの走る
お前の胴体に骨肉部位があるならば
創造者が　それを幸ある［薬草］によって再び
結合するがよい　関節と関節を。
お前の髄は髄と一緒になれ。
また　お前の関節と関節は一緒に。
お前の　肉に外れ落ちたものがあれば　一緒に
骨が一緒にふさぎ生えよ。
髄は髄と結合されよ。
外皮と共に外皮は生えよ。
お前の血液　骨は生えよ。
肉は肉と共に生えよ。
体毛を体毛と合わせしつらえよ。

内皮と合わせしつらえよ　内皮を。
お前の血液　骨は生えよ。
切断されたものを結合せよ　薬草よ。
そこで立ち上がれ。進め。駆け出せ。
——戦車は　良い車輪　良い輪（金属製のタイヤ部分）　良い軸受をもっている。——
しっかりと立て　直立して。
穴に落ちて　砕けたとき
あるいは　石が投げつけられて打ったとき
リブ（工作者）は　戦車の［諸部位］をそうするように
諸身体部位を結合するがよい　関節と関節を。
（『アタルヴァ・ヴェーダ』四・一二）

この『アタルヴァ・ヴェーダ』の呪歌の中には「切断されたものを結合せよ　薬草よ」という、治癒を薬草に命じる表現が出てきますが、薬草に語りかける呪文と言えば、古英語で書かれた「九種の薬草の呪文」がよく知られています。一一世紀頃に書かれたと推定されていて、右と同じく有効に働くよう薬草へ命じる表現が出てきます。吉見昭徳『古英語詩を読む——ルーン詩からベーオウルフへ』（春風社、二〇〇八年）に和訳と解説が載っていますから（二七〜四〇頁）、内容が気になる方はぜひ。

言と事

よく言われることですが、古くは「**言**」と「**事**」は同じと考えられていました。「言」と「事」が同じであるならば、「言」が発せられればそれに対応する「事」がそのまま眼前に現れることになります。日本語の「言」と「事」が同じ語源に遡ることは、現代の日本語学の分野でも多くの研究者たちが認めるところです。

『旧約聖書』「創世記」の冒頭で語られる世界創造の場面でも、神はことばを発することで創造行為を行っています[4]。神の発した「言」がそのまま「事」として現出するのです。神が「光あれよ」と発すれば、その通りに光が世界に現れ出ます。

また、このように「言」と「事」が存在としてまったく同じものであるとまでは考えないとしても、ことばとその指示対象の間にはゆるぎない関係があるとする哲学的な立場もありえます。「車」ということばは車という対象を常に指し示します。ことばとしての「車」と対象としての車の関係は確固として確立しているのです。

これらの考え方に対して、近現代の言語学は、ことばと対象の関係を私たち人間がつくりあげたまったく恣意的なものであるとする立場をとります。現在の日本語で車を「クルマ」

と呼ぶのは、長い歴史を経て偶然そうなっているからであって、車を「クルマ」ということばで表わすという約束事を守ることで、私たちはことばを使って他人と意思疎通をはかることができるのです。もし車を「マルク」ということばで呼ぶように歴史が動いていたならば、今の私たちは車を指して「マルク」と言っていたはずです。現代の英語では、同じ車でも「クルマ」とは言わずにカー（car）と言います。

このようにことばはすべて恣意的な記号にすぎず、ことばに対象との必然的な関係はないということを喝破した人物としては、近代言語学の祖と言われるソシュールの名が挙がることが多いのですが、ソシュール以前にも同じようなことを言っていた人はいます。たとえば、イギリスの哲学者ロックは、単語とそれが表わす私たちの観念の関係は人為的であると提言しています。またフランスの哲学者コンディヤックも、私たちが使うことばというものを「制度的な記号」とし、それは私たちの観念と恣意的な関係しか持たないと述べています[5]。インドでも、仏教の哲学者たちは基本的に同じ考えを持っていました。

キリスト教の神学者アウグスティヌスは「ライオン」ということばを口に出してもライオンが口から飛び出してくるわけではないとし[6]、インド哲学内でもニヤーヤ学派と呼ばれる論理学派が、「火」と口に出しても口が燃えることはないとして[7]、「言」がそのまま「事」を現出させるという考え方を退けました。

一方で、本章で見ていくヴェーダ神話の物語は、この「言」と「事」の同一性を前提としたもので、そこには、序章で見たように、一定の条件を備えて発せられたことばは必ずその内容を実現するという、確信とも言っていい信念が働いています。古代インドの人々にとっては、ことばの霊力ブラフマンが、「言」が「事」をもたらすときに両者をつなぐ媒介項となっています。

2 部族長ヴァーマデーヴァの火の呪文

ここから具体的なヴェーダ神話を見ていくことにいたします。各章に三つずつ用意しています。各章の題に「ヴェーダ神話集」という名を付けているにもかかわらず、三つずつではやや少ないように感じるかもしれませんが、多くの話を扱うよりも、選りすぐりのものを深く見ていく方が面白い読み物になると考えました。それぞれの物語の中に出てくる「ことばの力」や「名の力」とそれを取り巻く神話の要素を丁寧に解説しつつ、序章で検討した枠組みを生かしながら時に自分なりの考察を加えていくという形をとります。

ここで「神話の要素」と述べましたが、これから紹介する物語には、通常私たちが神とみなすような存在が出てこないものもあります。「神話」という表現は本書の中では「遠い過去の物語」であったり「超自然的な事柄が描かれる物語」であったりするものも指しています。そもそも神話とは何かという問題はとても本書では扱えない大きな問題であり、このような漠然とした定義では専門の先生方にお叱りを受けるかもしれませんが、ご容赦いただけると幸いです[8]。

まず左記でご紹介するのは、ある部族の長が呪文を唱えることで火を操り、敵の部族の長を倒すお話です。

物語の概要

まず物語の概要を述べておきましょう。ある部族の長ヴァーマデーヴァと敵部族の女族長クシダーイーが戦車競争をします。クシダーイー側が戦車で体当たりをしたりして攻撃してくる最中、ヴァーマデーヴァは火壷の中に保持していた火に目を落とします。そのとき、ある呪文を「見て」とって、その呪文を火に唱えます。すると、その呪文の内容通りに火はクシダーイーへと襲いかかり、彼女を焼き尽くします。左記に説明しますが、実際の祭礼の場面において、ある目的のために用いられる詩歌が、なぜそのような目的で用いられるのかを過去の出来事に託して説明したものとなっています。

この物語は二つのヴェーダ祭儀書に収録されていて、細部の点で異なるところがあります。それら二つの物語の和訳と解説は後藤敏文先生による「部族の火の東進――『ヴェーダ』の神話、儀礼とその歴史的背景」(『環境変化とインダス文明』［二〇〇七年度成果報告書］二〇〇八年)一三〇~一三三頁で見ることができます。これらのうち、『カタ本集』と呼ばれるヴェーダ祭儀書に伝わる方を本書では取りあげます［9］。

原典の和訳

次に、右記の後藤訳を参考にして原典に即した和訳を提示します。これに対する解説と考察が後に続きます。

ヴァーマデーヴァの、一五からなる、危害を加える諸力を打破する者（火神アグニ）へ捧げられる［詩歌］が、この場合、祭火に薪を投ずる際の詩歌として用いられる。ヴァーマデーヴァとクシダーイーは自身（命）をかけて戦車競争をしたのであった。クシダーイーは、追い越して先を行く彼［の戦車］の手すりを［車をあてて］押しつぶした。彼女は二度目に［車の］向きを変えて近づいた：「轅《ながえ》か車軸でも折ってやろう」と。そのときヴァーマデーヴァは火壺に入れた火を保持していた。［彼は］それに目を落とした。すると「汝（火）は最前部を幅広い突撃のようにせよ」［で始まる］この讃歌を見た。火は彼女に追いかかって、焼き尽くした。彼女は焼かれながらクシダの池に潜り込んだ。これが伴唱されるのは、危害を加える諸力を滅ぼすためである。

（『カタ本集』一〇・五）

▼解説と考察

ヴァーマデーヴァとクシダーイー

ヴァーマデーヴァは『リグ・ヴェーダ』第四巻に収められた詩歌をつくった詩人家系の祖にあたる人物で、この第四巻はヴァーマデーヴァ家の詩歌からなるものです。ヴァーマデーヴァという名の意味は「好ましい神を持つ者」ですので、この名は神々を動かす祭官詩人の名にとてもふさわしいものだと言えます。右の物語では、このヴァーマデーヴァが彼の部族の長として登場しているようです。彼が部族の長であることは、左記に述べる戦車競争と火壺の火の存在から推測されます。

そのような戦車競争をしている相手は、敵部族の長と目される女性クシダーイーです。クシダーイーという名前から、この名の人物が女性であり、かつアーリヤ部族に属さない異部族の民であることがわかります。まず、クシダーイーの最後の音がイーと伸びていることから、この名が女性名であることがわかります。次に、インドに入ったアーリヤ人たちが属するインド・ヨーロッパ語族は父権主義をとる文化を持っていますから、女性が族長であるという時点で、アーリヤ部族外の人物であることが読みとれます。

もう一つ、クシダーイー(kusidāyī)という名前の中に -us- という音の連鎖が出てきますが、これは古代インド語では通常ありえないものです。古代インド語ではu「ウ」という母音の後にs「ス」という歯擦音《しさつおん》がくると、それは規則的にṣ「シュ」という音になります。この「シュ」は舌をそりかえらせて発音するそり舌音です。クシダーイーという名前の中に、-uṣ-「ウシュ」ではなく-us-「ウス」という音が残っていることから、彼女の出生がアーリヤ部族ではないことが示唆されるのです。

危害を加える諸力を打破する詩歌

祭官詩人ヴァーマデーヴァが残した一五の詩歌が『リグ・ヴェーダ』第四巻第四歌篇を構成しています。当該のヴァーマデーヴァの歌篇は**火の神アグニ**へ向けられたものです。第3章でより詳しく述べますが、アグニは仏教の火天に対応する神で、近現代の小説やアニメにも登場します。ヴァーマデーヴァの一五の詩歌は、アグニはアグニでも、「危害を加える力」（ラクシャス）を打破するものとしてのアグニに呼びかけるものとなっています。

「危害を加える力」と訳したラクシャスという語は、何かしら邪魔になっているもの、何か悪しきことが起こったときにその原因と考えられる何らかのものであり、「障害」や「毀損《きそん》力《りょく》」と訳されることが多いです。このラクシャスという単語自体は抽象名詞なのですが、その中身が擬人的にとらえられて、「悪魔」や仏教の「羅刹」も意味するようになります。

この一五の詩歌は「祭火に薪を投ずる際の」ものであると物語中で言われています。祭火は、神々へ捧げる供物がそこへ投じられる前に、薪によって燃えあがらせられます。このとき、祭火の中へ薪を投ずる役目を担う祭官とは別の祭官が、祭文として唱えるのがこのヴァーマデーヴァの詩歌です。それは薪が投じられた祭火を燃えたたせるための歌であり、祭火アグニはその燃えあがる炎によって悪しき魔の力を追い払うことを期待されています。

戦車競争

部族間に争いが起きたとき、互いの部族の中心人物が代表として戦車競争を行い、その勝敗によって争いの決着をつけていたようです。大将同士の一騎打ちのようなものでしょうか。しかし当時、実際に命をかけて行われていた戦車競争の具体的な中身はよくわかっていません。

その一方で、戦車競争は象徴的に行われる儀礼として（勝敗はあらかじめ決められている）、王権を確立するヴェーダ祭式の中に組み込まれていますので、それに関する祭式文献の記述から、儀礼的な戦車競争の容態についてはいろいろと情報を得ることができます[10]。

この節を書いている現在、世界は東京オリンピックの真っ只中にあります。今日（二〇二一年七月二五日）は柔道の阿部一二三《ひふみ》と阿部詩《うた》の両選手が同時に金メダルを獲得したことが、世間のニュースを埋め尽くしました。

現在のオリンピックにはありませんが、馬を使う戦車競争というものが、ギリシアの地でかつて行われていた古代オリンピックの競技の一つであり、それは古代オリンピックの花形だったようです。ヴァーマデーヴァとクシダーイーの戦車競争の物語を初めて読んだとき、呪術を使うのは規則違反ではないのかと素朴に思ったことがあるのですが、古代ギリシアのオリンピックでも相手の戦車が事故を起こすように呪いをかけることが行われていたようで、呪いの文句が書き記された鉛板が見つかっています[11]。

ヴェーダ祭式で儀礼として執り行われる戦車競争の中でも、競技中に馬たちへ祭文が唱えかけられます。このことは、命をかけた太古の戦車競争においても何かしらの呪文が用いられていたことの名残りなのかもしれません。

古代ギリシアにおいて、戦車競争はオリンピックの一種目であったばかりではなく、葬式の場面でも故人に敬意を表して行われることがありました。ホメロスの叙事詩『イリアス』の第二三歌で描かれる、英雄アキレウスが死した友人のためになす戦車競争が有名です[12]。葬礼の一場面と同時に戦車競争を描いた図像も残っています【図2】。

映画『ベン・ハー』では、競技場での壮絶な戦車競争が生き生きと描かれていて、かつて行われていた戦車競争というものに思いを馳せる上で一見の価値ありです。

火壺に入れて保持していた火

詩人ヴァーマデーヴァは、火壺に火を入れて保持していました。このことは、アーリヤ部族たちが異部族と交戦を交えつつ、移動しながら領土を拡大するとき、部族の火というものを火壺の中に入れて運んでいたことを示唆します。

古代インドのヴェーダ祭式を構成する諸儀礼の中には、このようなかつての移動生活時の慣習が反映されていることがありますが、祭主が火壺の中に火を入れて一年間保持するといった儀礼がなされることもあります。このような部族の火に目を落としたとき、ヴァーマデーヴァはそこから詩的な刺激を得て、当該の詩歌を見てとったようです。『リグ・ヴェーダ』において祭火は詩人たちの思考を刺激するものとして描かれることがあります[13]。その意味で祭火は「智慧をつくる者」（メーダーカラ）と呼ばれます。詩人が祭火から獲得した智慧は、詩人の霊力あることばを生み出すことになります。このような発想がここにも見てとれます。聖なる詩や旋律を「見る」という表現がヴェーダ祭儀書で頻出することは、序章で述べた通りです。この見てとられた詩歌を呪文として唱えることで、火をクシダーイーにけしかけて、ヴァーマデーヴァは勝利を得たのです。

【図2】葬礼と戦車競争を描く飾り額

原典では、この呪文をヴァーマデーヴァが声に出して唱えたことは明確には語られていません。しかし、序章で見たように、古代インドの言語文化は声の文化であり、ことばは発声されてはじめて効果を発揮するものでした。頭の中で呪文を思考しただけでは何も起こりません。ですので、当該の物語でも、ヴァーマデーヴァは呪文を見てとった後、それを声に出して朗唱したと考えてよいと思います。

火の呪文

原典ではヴァーマデーヴァが見た詩歌の冒頭部だけしか引用されていませんが、物語の内容上、『リグ・ヴェーダ』四・四をなす一五の詩を見てとり、それを唱えたことになります。その冒頭の詩である『リグ・ヴェーダ』四・四・一をここに引用してみましょう。

汝は最前面を幅広い突撃のようにせよ。
進みいけ　攻撃力ある王が手下（？）と共に進みいくように。
飢えた突撃に沿って　切り伏せながら
――汝は射手である――　諸々の毀損力を最も熱き［炎］で貫け。
（『リグ・ヴェーダ』四・四・一）

ここで「汝」が指しているのは、この詩歌が捧げられる対象である火です。この呪文のことば通り、火はクシダーイーに襲いかかり、彼女を焼き尽くしました【図3】。

序章において、この種の呪文のことばはさまざまな仕方で高められるものであることを見ました。その視点からこの詩歌を眺めてみると、やはりことばを高めるための仕掛けが施されていることに気づきます。まず、この詩歌は韻文ですので、**韻律**という要素があります。次に内容へ目をやると、「攻撃力ある王が手下と共に進みいくように」という**比喩**や、火とその行為を「射手」と「貫く」という表現で言い表わす**隠喩**が使われています。これら韻律や修辞技巧は当該の呪文のことばを内的に高めていると言えるでしょう。一方、命を賭した戦車競争という日常と異なる場面は、ことばを外的に高める枠組みを用意していると言えます。

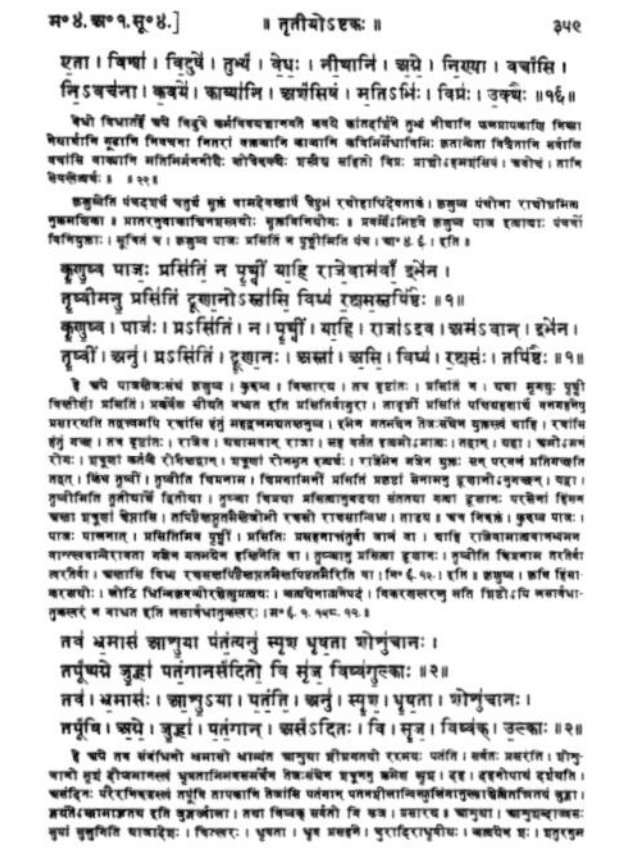

【図3】『リグ・ヴェーダ』四・四・一の原典（ミュラー本）

3 首席祭官ヴリシャ・ジャーナの悪魔祓いの歌

次の物語に参りましょう。ここでも火を燃えたたせる呪文が登場します。ただ、一つ新たな要素として**旋律**というものが出てきます。韻律とは違います。ある韻律のもとに構成された詩歌を、さらに何らかの旋律、メロディーにのせて歌うのです。それによってことばが威力を発揮します。まず物語の概要を見てみましょう。

物語の概要

この物語は、すべてを引用するにはやや長いですから、その後半部のみの原典訳を提示したいと思います。

まず、物語の前半部では次のようなことが語られています。イクシュヴァーク族の王トリアルナと彼に仕える祭官ヴリシャ・ジャーナが、戦車を駆って進んでいるとき、婆羅門の子どもをひき殺してしまいます。馬の手綱をとって実際に戦車を駆っていた祭官ヴリシャ・ジャーナに子殺しの責任があるのか、それとも注意を怠った王の方にその責任があるのか、二人は口論したあげく、イクシュヴァーク族の人々に裁定を委ねます。

人々の判決は実際に手綱をとっていた祭官ヴリシャ・ジャーナの方に非ありとするものでした。ヴリシャ・ジャーナはこの後にとある旋律を観得して、その旋律にのせた呪文を唱えることで子どもを蘇生させることに成功しますが、イクシュヴァーク族の人々が自分に対して下した判決を不当として怒り、この地を去ります。ここまでが前半部です。次からが後半部になります。

祭官ヴリシャ・ジャーナが去ると、トリアルナ王が治める国の火力が突然衰え、日々の炊事ができなくなりました。イクシュヴァーク族の人々は、ヴリシャ・ジャーナを追い出してしまったことが原因であると考え、彼を呼び戻します。戻った彼が火に目をやるや、彼はある旋律を観得し、その旋律をのせた詩歌を火に歌いかけることにより、その火の中に鬼女が陣取って火力を隠していることを見破ります。彼が再び旋律にのせた詩歌を歌いあげると、火が盛んに燃えあがり、そこに陣取っていた鬼女を焚殺《ふんさつ》します。

序章でも出した辻直四郎『古代インドの説話——ブラーフマナ文献より』に物語全体の和訳がありますから、前半部の原典訳も見てみたい方はそちらをご覧ください（五〇〜五二頁）。

原典の和訳

物語後半部の原典訳を提示します。

彼（ヴリシャ・ジャーナ）は怒って［別の］人々［がいる地］へ赴いた、「彼らはわれを不当に裁断した」と［考えて］。するとイクシュヴァーク族の人々の火熱は消え去った。夕に火にかけた粥は朝に煮えた。朝に［火にかけた粥］は夕に［煮えた］。彼らは言った：「われらは婆羅門を不名誉な者として追い払ってしまった。そのような我らの火熱は消え去ってしまった。さあ、当人を呼び止めようではないか」と。人々は彼を呼び止めた。彼はやって来た、まるで王によって呼び止められて婆羅門がやってくるかのように。彼はやって来て欲した：「この火熱を検分したい」と。そこで彼は例の旋律を見た。それを［火に］歌いかけた。そのとき彼は見てとった：「トリアルナのこの妃は鬼女なのである。そやつがここで敷物をもって［火熱を］覆い、その上に座しておる」と。そこで彼は［祭火に］向けて唱えた。

若き母は　包まれた少年を
秘密裏に養っている。父に与えることなし。

傷つける彼の顔を　人々が
眼前で見ることなし　輻輪《やりん》の内に隠された顔を。

汝はここでいかなる少年を　若き女よ
乳母（鑽木《きりぎ》）として養っているか。正妻は［その少年を］生んだ。
すなわち　胎児は多くの秋の間　成長した。
われは［彼が］生まれたのを見た　母が生みしとき。

アグニは高き光もて輝きわたる。
自らの偉大な力もて万物を分明になす。
神ならざる悪質の魔力を圧倒す。
毀損力を突き抜くため　自らの両角を研ぐ。

そしてアグニの諸々の轟きは天にあれ
鋭利な武器と共に　毀損力を打ち倒すべく。
全き陶酔の最中　彼の（憤怒の）光は砕き進む。
神ならざる邪魔物が妨げること能わず。

このように唱えるや、この火熱は高くほとばしり出て、当の者（鬼女）の全身を焼き尽くした。それから、彼ら（イクシュヴァーク族の人々）は火熱を適切に分配し合ったのである。火は彼らのために正しく炊事を果たした。当該の旋律は光輝であり、聖句の効力である。これによって、彼は消え去っていた火熱を見出したのである。このように知る者は、威光を備え、聖句の効力を備え、光輝を備えた者となる。

（『ジャイミニーヤ梵書』三・九六）

▼解説と考察

ヴリシャ・ジャーナ

物語の中でヴリシャ・ジャーナは王に仕える司祭官として登場します。原典では彼はプローヒタであると述べられていますが、この語は王付の首席祭官を意味します。王の側で戦勝の祈願などといった宗教儀礼を挙行する任を果たします。また、ヴェーダ祭式には、祭式全体を監視する役割を果たす首席祭官がいるのですが、このプローヒタと呼ばれる王付司祭官が多くの場合その任にあたります。王のもとには常に詩人や祭官がひかえて王の政策や統治を補助し、一方で詩人や祭官は王に養われることで生計を立てるという面があります。

魔の存在を見破る旋律と呪文

火を燃えあがらせるための呪文を発する前に、ヴリシャ・ジャーナはある旋律を見てとっています。そしてその旋律にのせた何らかの詩を歌いかけることで、火の中に鬼女が潜んでいることを見やぶります。ここで彼が歌った詩がどのようなものだったかはわかりませんが、少なくとも当該の旋律には、通常の人には見ることができない魔的な存在を看破する能力があるようです。この物語は、旋律の効果やその神話的な背景を説明するためのものですから、ヴリシャ・ジャーナが火を燃えたたせて鬼女を燃やすために発する呪文にも、当該の旋律が使われたと考えてよいでしょう。

鬼女ピシャーチー

和訳で「**鬼女**」と訳出している原語は**ピシャーチー**であり、この語は鬼神を表わすピシャーチャという男性名詞の女性形として、女ピシャーチャを指しています。ピシャーチャとは何かしら魔的な存在のことであり、神々に敵対する存在です。一体どんな姿をしていたのかはよくわかりませんが、日本人としては飢えに苦しんでいる餓鬼のような姿をついつい想像してしまいます【図4】。

呪法集『アタルヴァ・ヴェーダ』ではピシャーチャは「血肉を食す者」（クラッヴィヤードゥ）と言われています。本来、儀礼の中で人肉を食す敵部族を示す名称だった、または死肉を漁る魔を指す名称だったといった可能性がこれまでの研究で指摘されています。墓を暴いて死体の肉を食う悪鬼である食屍鬼《しょくしき》を現代英語でグール（ghoul）と言いますが、これは日本の漫画作品『東京喰種トーキョーグール』で使われている用語です。

右に示した物語の中では、鬼女は人肉を食らう存在ではなく、何かしら悪さをする存在として描かれています。邪を見やぶる旋律を見ることができる司祭官ヴリシャ・ジャーナが王の側にいる間はおとなしくしていたようですが、彼が国外へと去った途端、その本性を現して火力を隠すという悪さをしでかします。

この物語では、ヴリシャ・ジャーナの呪文によって燃えあがった火が女ピシャーチャを焼き尽くすことになっていますが、同じく魔の存在たるピシャーチャを殲滅するよう燃え立つ火に命じる呪歌が『アタルヴァ・ヴェー

【図4】『餓鬼草子』に描かれる餓鬼たち

ダ』にはあります。火が果たす一つの役割は、このような魔的な存在を追い払うことにあったのです。

両眼を貫き下ろせ。心臓を貫き下ろせ。
舌を穿ち下ろせ。諸々の歯を潰し落とせ。
彼を食べたピシャーチャを
最も若きアグニよ　汝は当たって粉砕せよ。
（『アタルヴァ・ヴェーダ』五・二九・四）

たとえば日本の神道にも、神火を鑽《き》り出して疫病の退散を図る「火鑽神《ひきりしん》事《じ》」と呼ばれる神事がありますが、ここでも火が何か邪悪な存在を打ち払うものと考えられています。邪悪なものを燃やす火と聞けば、魔女狩りのことを思い起こす人も多いでしょう。邪悪な魔女と判断された人たちはやはり火を使って火炙りの刑に処されました【図5】。

【図5】火炙りにされる女性たち

鬼たちの言語

余談となりますが、サンスクリット語といった雅語とは違うインドの俗語の一種に、ピシャーチャ語、訳すと「**鬼語**」というものがあり、俗語を扱う種々の文法書の中で論じられています。インドは説話大国として知られ、一時期には世界中の説話はすべてインドから生まれたものだとする立場もありましたが、それはさておき、太古の詩人グナーディヤの作と伝えられる、今は散逸して現存しない『大説話』と呼ばれる作品は当該のピシャーチャ語によって著されたとされる大説話集です[14]。サンスクリット語ではなく中期インドの俗語によって著された文学作品は多く残っていますが、この『大説話』もそのような作品の一つだったようです。

ピシャーチャ語の大きな特徴の一つは、母音に挟まれた有声子音g, d, b（比較的柔らかく響く子音）が原則として無声子音k, t, p（比較的硬く響く子音）へと変化することですので、このことを考えると、どういう擬音語を使うのが最もふさわしいのかわかりませんが、どうも全体としてカタカタと鳴るような印象を与える言語かと思われます。しかし、なぜこの言語が「ピシャーチャ語、鬼語」と名づけられたのかは判然としません。

火を燃え立たせる旋律と呪文

ヴリシャ・ジャーナは観得した旋律にのせて四つの詩歌を唱えます。四つの詩歌のうち、前半の二つは火が隠れてしまって姿を現さないことを描くもの、後半の二つがそのような火に燃えあがることを要求するものとなっています。前半二つの詩歌で言われる「少年」は隠れてしまった祭火アグニのことです。ここでは後半二つの詩歌を再び引いてみましょう。これらは『リグ・ヴェーダ』五・二・九〜一〇にあたります。

アグニは高き光もて輝きわたる。
自らの偉大な力もて万物を分明になす。
神ならざる悪質の魔力を圧倒す。
毀損力を突き抜くため　自らの両角を研ぐ。

そしてアグニの諸々の轟きは天にあれ
鋭利な武器と共に　毀損力を打ち倒すべく。
全き陶酔の最中　彼の（憤怒の）光は砕き進む。
神ならざる邪魔物が妨げること能わず。

アグニの「両角」や「鋭利な武器」はアグニの炎を指しています。アグニの「轟き」は火が炎をあげて燃えあがるときに立てる音を指していると考えてよいでしょう。そのような轟きに対して、「天にあれ」と命じていますが、『リグ・ヴェーダ』の独訳者ゲルトナーが解釈するように、天に達するほどの轟きをあげよ、という意味だと思われます。すなわち天に達するほどの音を立てて燃えあがれ、という意味です。

詩歌中の「毀損力」は、前章で「危害を加える力」と訳したラクシャスという語を訳したものです。当該の物語に引きつけて解釈すれば、この「毀損力」や同じく詩歌で述べられる「悪質の魔力」は、そのような力を有する鬼女に対応することになります。この詩歌の内容通り、火力を失っていた祭火は再び高く燃えあがり、邪魔物としての鬼女はその火を防ぐことができずに焼き払われます。ヴリシャ・ジャーナが発したこの呪文は、さながら**悪魔祓いの歌**となっています。

呪文のことばを高める仕掛け

当該の呪文は、先の物語で出たヴァーマデーヴァの火の呪文と同じく韻文ですので、まずそこには韻律という、ことばを高める要素があります。また同じく先の物語で出た火の呪文のように、隠喩表現が見られます。祭火の炎を「両角」や「鋭利な武器」と表現したり、祭火が立てる音を「轟き」と表現することは、すべて祭火を擬人化した上での隠喩となっており、ことばを内的に高める効果をあげています。

これらに加えて、当該の呪文には、ある一定の音を意図的に繰り返すことにより、詩的な効果を狙う技巧が観察されます。そのような**音の反復**は「毀損力を突き抜くため　自らの両角を研ぐ」の原文 śíśīte śṛ́ṅge rákṣase viníkṣe「シシーテー　シュリンゲー　ラックシャセー　ヴィニックシェー」に見られます。この箇所には ś「シュ」、ṣ「シュ」、s「ス」という歯擦音が多用され、kṣ「クシュ」という結合子音の反復もなされています。この荒い音は、当該の文脈において、悪しき力を焼き払うアグニの炎の鋭さやぎらついた感じを詩的に表出している可能性を想定できます。「両角を研ぐ」という表現から喚起される、何か鋭利な刃物をざっざっと研いでいるような印象と、右記のような音の連続がかみ合っています[15]。この辺には主観的な解釈が入ることになるので、常にそうであるとか絶対にそうであるとは言えないところがありますが。

当該箇所にはもう一つ詩的な技巧が施されています。同じく śíśīte śṛ́ṅge rákṣase viníkṣe「シシーテー　シュリンゲー　ラックシャセー　ヴィニックシェー」をよく見ると、それぞれの単語がすべて -e「エー」という音（サンスクリット語で e は長母音）で終わっています。語末をすべて -e「エー」-e「エー」-e「エー」-e「エー」で統一することにより、詩に律動が与えられています。現代の用語で言うと脚韻でしょうか。
歯擦音《しさつおん》を意図的に繰り返して火炎の鋭さやぎらつき感を表わしているのではないかと右に述べましたが、同じような例を古典期のサンスクリット文学から紹介しておきましょう。七世紀前半に活躍したマユーラという詩人は、一〇〇の詩をもって太陽神スーリヤを讃える『太陽神百頌』という作品を残しています。その中の第九四歌です。そこでś「シュ」という音が意図的に反復されているのは一目瞭然です。数えたら二七回も出てきています。ś「シュ」と同じ歯擦音であるs「ス」という音と合わせると、全部で三四個もの歯擦音が使われています。

sādridyūrvīnadiśā diśati daśa diśo darśayan prāg dṛśo yaḥ
sādṛśyaṃ dṛśyate no sadaśaśatadṛśi traidaśe yasya deśe |
dīptāṃśur vaḥ sa diśyād aśivayugadaśādarśitadvādaśātmā
śaṃ śāsty aśvāṃś ca yasyāśayavid atiśayād dandaśūkāśanādyaḥ ||

山と天と大地と海を伴う一〇の方角を露わにしつつ　彼は諸々の姿を東に見せる。
彼との類似は千眼者（インドラ）がいる神々の地にも見られない。
蛇食者（ガルダ鳥）の兄（アルナ）が　彼の意図を熟知して彼の馬たちに指示を出す。

世界が終わるとき　輝く光線もって一二の姿を顕すその彼が　貴方たちに安寧を指し示さんことを。
（『太陽神百頌』第九四歌）

ここで「彼」はすべて太陽を指しています。
そして、第一行目の内容から、明朝に昇ってくる太陽を讃える詩であることがわかります。そのことは第三行目の内容からも確かめられます。アルナは太陽を載せる七頭の馬の御者であり、彼が馬を引いて太陽を空高くへと運ぶ、つまり太陽を昇らせるのです。ヴェーダ神話では、アルナは夜明けの光、曙光の名前です。

インドはとにかく暑いです。時期にもよるでしょうが、朝晩はともかく、暑い時期の日中にむやみに外を歩くと冗談ではなく焼け死ぬ恐れがあります。私もはじめてインドを訪れたときは、ぎらぎらと輝く太陽に照りつけられてへばってしまい、しばらくホテルで横になっていました。そのようなぎらつく強力な太陽の力が〟「シュ」音の頻用によって醸《かも》し出されています。

この考えをよりたしかなものにしてくれるのは、詩の第四行目に出る「世が終わるとき輝く光線もって一二の姿を顕すその彼」という表現です。ヒンドゥー神話の世界観では、世界の終わりに赫灼《かくしゃく》として輝く一二の太陽が大海を干あがらせ、世界を焼き尽くすことになっています。したがって、当該の詩で歌われている太陽は、なにか清々しくて心地よい光を人々に投げかけてくれる存在というよりも、強烈な光を発して燃え盛る存在として描かれていると言えます。ś「シュ」音を中心とする歯擦音の連続は、そのような太陽や太陽光の激しさを表出するものと考えてよいでしょう。これらの例を見ると、歯擦音は激しい火性を帯びた対象と相性がよい音であると言えそうです。このことは、第2章で見る例によってさらに補強されます。

4 首席祭官ウシャナス・カーヴィヤと戦神インドラの二重奏

右に見てきた二つの物語では呪文を発する人物は一人でしたが、序章でも述べましたように、呪文は二人以上の人物によって合唱される場合もあります。左記に取りあげるのは、魔神たちに仕えていた司祭官ウシャナス・カーヴィヤと神々の代表格インドラが声を合わせて呪文のことばを朗唱し、追っ手たちをかわす物語です。

物語の概要

神々と魔神たちは長きにわたって争っていましたが、なかなか最終的な決着を見ませんでした。どうすれば勝てるのか。その秘訣をある半神が知っていました。そこで神々側のインドラが、その半神が留守の間に半神の妻のもとを訪れ、夫である半神に勝利の条件を聞くように命じます。そうこうしているうちに夫である半神が帰ってきます。インドラはすぐさま変身して身を隠し、夫婦の会話を盗み聞きします。

その会話の内容によると、神々側についている司祭官と魔神側についている司祭官のいずれかが、いずれかの方に寝返えれば、そちら側が勝利するということでした。そこでインドラは魔神側の司祭官のもとへ行き、特定の詩歌を授けることを条件にその司祭官を神々側に寝返らせることに成功します。インドラと当の司祭官が一緒にその場を離れようとすると、自分たちの司祭官が連れていかれることに気づいた魔神たちが追いかけてきます。

そこで、インドラとその司祭官は声を合わせて、ある詩歌を朗唱します。それによって、魔神らの眼前に天にも届く支柱を出現させて彼らの道を阻み、インドラと司祭官は逃げおおせます。

この物語はもう少し続くのですが、本書の目的に鑑みてこの部分だけを扱います。辻直四郎『古代インドの説話――ブラーフマナ文献より』にて物語全体の和訳を見ることができます（六五～六七頁）。

原典の和訳

右に述べた部分の原典訳を提示します。

神々と魔神らは長きにわたり争っていたが、決定的な勝利を得るには至らなかった。ブリハスパティが神々の首席祭官であった。ウシャナー・カーヴィヤが魔神らの。下方（魔神側）からつくり出された霊力あることばとまったく同じものが上方（神々側）からつくり出された。その霊力あることばは同等であったため、［いずれの霊力あることばも］決定的な勝利を得るには至らなかった。

三つの頭を持つガンダルヴァは彼らの決定的勝利について知っていた。彼は嫉妬深かった[16]。それで水中に漂う船の城郭を有していた。インドラは次のことに気づいた：「三つの頭を持つ［彼］は我ら両者（神側と魔神側）の決定的勝利について知っているのだ」と。［インドラは、］まさに当該の決定的勝利を求め、彼の妻のところへ行き着いた。［インドラは］彼女に言った：「おぬしは夫に尋ねておけ、長きにわたり争っているこの神々と魔神たち、彼らのうち、いずれが勝利することになるのかについて」と。

ちょうどそのとき、話し合っていた二人のところへ［例のガンダルヴァが］やって来た。その途端、彼（インドラ）は蛭または草となって船縁に付着した。そのとき彼女は夫に問うた：「長きにわたり争っているこの神々と魔神たち、彼らのうち、どちらが勝利するのでしょうか」と。「大声を出すな」と［ガンダルヴァは］言った。「大地に耳ありだぞ」と。それゆえ、今日でもここで人々は言っている。「大声を出すことなかれ。大地に耳ありだ」と。「［大声では言い］ませんよ」と［彼女は］言った。「ともかく言いなさい」と。そこで［ガンダルヴァ］は言った：「これら二人の祭官、神々のもとにいるこのブリハスパティと魔神らのもとにいるウシャナス・カーヴィヤは、同じことを知っている。だから、両人がつくり出すもの、それはまったく同じものを制する。他方が捧げる諸々の献供、それらをまた他方が［捧げる］。それら［諸々の献供］は出会ってから、再びまったく元の通りに彼方へと離れ去っていく。彼ら二人のいずれかが、いずれかの側と合流するなら、そちら側が勝利するであろう」と。インドラはまさにそのことを理解して、鸚鵡《おうむ》となって飛び立った。その飛び行くものを見送ると［ガンダルヴァは］言った：「飛び行くあの緑色をした者が属する側の者たち、その者たちが勝利するであろう」と。

　彼（インドラ）は魔神たちのところにいるウシャナス・カーヴィヤのもとへやって来た。［インドラは］彼に言った：「聖仙よ、このような何たる輩を汝は力づけていることか。汝は我らに属するのである。あるいは、我らは汝に属する。汝は我らの側に寝返れ」と。「どのようにして」と［ウシャナス・カーヴィヤは］言った。「何をもって汝はわれを呼び寄せるのか」と。「プラフラーダの子ヴィローチャナが有するこれらの如意牛（三つの詩歌）をもってである」と［インドラ］。「さあ前へ」と［始まる］他ならぬ［如意牛たち（三つの詩歌）］を伴って、両者は走り出した。

　両者の後を魔神らは急いで進んだ。［魔神らは］両者を追っていった。そこで［インドラは］言った：「聖仙よ、この魔神らが我ら二人を追っているぞ」と。彼（インドラ）は言った：「汝は奴らが我ら二人を追ってくることがないようにせよ」と。そこで両者は次のものを唱え出した。

良き武具を伴って、神たる滴は清まる。
呪言を打ち砕く者として　己の群勢を守りながら
神々の父　職能優れた創出者にして
天の支柱　地の基盤として。

両者は、天に至るまで支柱を立てかけた。他ならぬそれを魔神らは越え行くことが［でき］なかった。

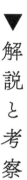

（『ジャイミニーヤ梵書』一・一二五〜一二七）

▼解説と考察

神々と魔神

物語冒頭、神々と魔神たちが長い間争っていたことが語られています。ヴェーダ祭儀書文献において神々と魔神たちの争いは頻繁に描かれますが、結末は決まって神々の勝利に終わります。当該の物語では、最後まで読んでも結局神々と魔神たちの長きにわたる戦いの決着はついたのかどうかはっきりとは述べられていませんが、ヴェーダ祭儀書のお決まりの型を考えるなら、知恵あるガンダルヴァの予言通り、神々の勝利に終わったのでしょう。

ヴェーダ祭儀書において描かれる神々と魔神たちの争いは、ヴェーダ文化と異文化のせめぎあい、アーリヤ部族と異部族のせめぎあいを象徴するものであるとも考えることができます。

ブリハスパティとウシャナス・カーヴィヤ

このように長々と争っても決着がつかなかった原因は、知恵あるガンダルヴァによれば、神々側の司祭官ブリハスパティと魔神側の司祭官ウシャナス・カーヴィヤの知識が同等だったからです。どちらかの側がこのような司祭官を失うと、均衡がくずれ、司祭官が寝返った側の方が勝利することになります。戦いの勝ち負けが司祭官の存在によって左右されるとされているところに、祭式や祭官という存在が大きな力を持っていた時代のあり方を窺い知ることができます。神々の首席祭官としてブリハスパティがおり、魔神らの首席祭官としてはウシャナス・カーヴィヤがいるという構造は、インドの大叙事詩『マハーバーラタ』にも引き継がれています[17]。

ブリハスパティは詩人の霊力あることばを司る神です。インドラや呪術師集団アンギラスと共にことばの力を振るってとある洞穴を打ちやぶる神話がよく知られています。この神話については本書の第2章で取りあげることになります。当該の物語ではブリハスパティは神々のもとにいる首席祭官として登場していますから、やはり強力なことばの力を振るうことができる存在と見なされていると言えます。

ウシャナス・カーヴィヤは、『リグ・ヴェーダ』四・二六・一で「見者」（カヴィ）と呼ばれているように、古代の詩人です。そもそも、彼の名の後半部カーヴィヤは彼がカヴィという名を持っていた父親の息子であることを示す父称ですから、そこから詩人の家系に属する人物であることがわかります。なお、『リグ・ヴェーダ』における彼の名称は「ウシャナス・カーヴィヤ」ではなく「ウシャナー・カーヴィヤ」で、この名称は右記の物語の冒頭部でも使用されています。

このウシャナス・カーヴィヤは、物語の中で最終的にインドラと手を組むことになりますが、両者はすでに『リグ・ヴェーダ』において一定の関係を有するものとして描かれることがあり、『リグ・ヴェーダ』一・一二一・一二ではインドラの高名な戦棍ヴァジュラはウシャナス・カーヴィヤがつくったことになっています。ウシャナス・カーヴィヤとインドラの結びつきをもたらしているのは、両者が持つ、詩歌を朗唱する詩人としての性格でしょうか。

インドラが持つ詩人としての側面についてはこの後すぐに見ます。

三つの頭を持つガンダルヴァ

神々と魔神たちの争いに決着をつける術《すべ》を知る人物として、**ガンダルヴァ**が物語の中で登場します。ガンダルヴァは『リグ・ヴェーダ』以来登場する半神的な存在です。後のヒンドゥー神話では天女アプサラスの配偶者とされたり、天界の楽士とされたりします【図6】。当該の物語ではガンダルヴァは嫉妬深いとされていて、その嫉妬深さゆえ、おそらく他の男が妻に近づいてこないよう、人が普通は近寄ることのない水上に住処をかまえていたようです。

この物語において、ガンダルヴァは三つの頭を持つ者として描かれています。三つの頭を持つということは、その分だけ多くの知恵を持ち、その分だけ知恵が働くことを示唆します。実際、このガンダルヴァは勝利の秘訣を知っていました。それぞれの数にはそれぞれが象徴する内容がありますが、三という数は完全性や全体性を表わすことがあります。ここでも「三つの頭」という数表現によって、ガンダルヴァが完全な知恵を持っていたことを暗に示しているのかもしれません。

【図6】踊り手アプサラス（左）と楽師ガンダルヴァ（右）

日本では「三人寄れば文殊の知恵」と言いますが、この場合も三人いればどんなことでも解決できるという意味で、知恵の完全性を表わしていると解釈できます。「三拍子揃う」の三も、その人の能力の完全性を示す表現と理解できます。私たちが世界のあり方を概念的に規定するときにも、しばしば三つの要素をもって規定します。たとえば、私たちは普通、一日を朝と昼と夜の三つに分けますし、一日に限定されない時間すべてを考える場合には過去と現在と未来の三つに分けます。これら三つの要素によって対象の総体を表わしているのです。他にも無数に例があると思います。

変身するインドラ

インドラは日本でも比較的よく知られた神です。最近では桐野夏生先生の小説『インドラネット』（KADOKAWA、二〇二一年）にその名が使われています。元来は英雄神で、『リグ・ヴェーダ』では最も多くの讃歌を捧げられる存在です。山を囲んで水を閉じ込める大蛇ヴリトラを打ち倒して世界に水を開放する武勲は特に有名で、『リグ・ヴェーダ』においてその偉業が繰り返し称えられています。世界的に見られる「龍殺しの神話」のインド版です【図7】。

インドラの地位や性格は時代とともに変化します。『リグ・ヴェーダ』時代に最高の人気を博していたインドラですが、その人気は時代が下るとともに低下していき、後のヒンドゥー神話の体系の中では最高神としてのシヴァやヴィシュヌの影に隠れることになります。性格としては、英雄神から雨をもたらす神へと変化していきます。インドラは仏教にも取り入れられて、仏法を守護する帝釈天として日本に伝わっています。インドラが大蛇ヴリトラを討伐するときに振るう武器ヴァジュラは、元来は戦闘用の棍棒を意味しました。それはインドラと共に仏教に入って日本で言う金剛杵《こんごうしょ》となっています【図8】。

このようなインドラですが、ヴェーダ祭儀書文献、特に右の物語が収録されているところの『ジャイミニーヤ梵書』と呼ばれる文献の中では、実にさまざまなものに変身する存在として描かれます。彼が持つ特殊能力の一つなのでしょう。まるでギリシア神話のゼウスのようです。インドラが何かに変身する描写は『リグ・ヴェーダ』からあります。

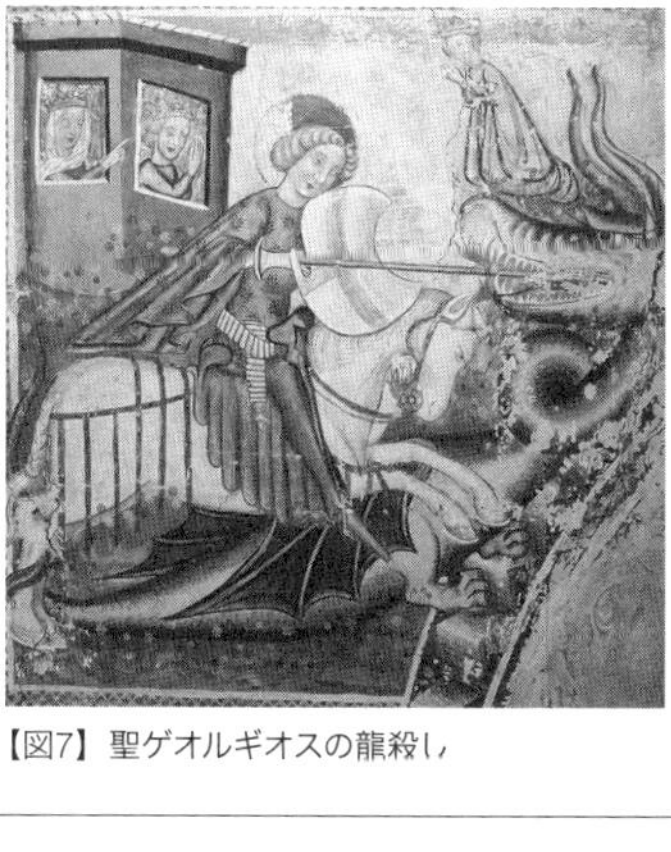

【図7】聖ゲオルギオスの龍殺し

【図8】金剛杵を手にした帝釈天（インドラ）

飲料ソーマと蜜酒

インドラとウシャナス・カーヴィヤが一緒に唱える詩歌で「神たる滴」と言われているのは、ソーマのことです。ソーマについては序章ですでに触れましたが、ここでもう少し詳しく説明しておきましょう。ソーマはある植物およびその搾り汁を指し、儀礼の場で神々に捧げられたり、儀礼の参加者たちが飲んだりします。このようなソーマは神格化されていて、『リグ・ヴェーダ』第九巻はすべてソーマへ捧げられた讃歌から構成されています。

『リグ・ヴェーダ』第九巻は、祭官の家系が継受していた讃歌の中から、ソーマへの讃歌を取り出して集成された巻です。おそらく当時行われていたソーマを中心とする儀礼のために、ソーマ讃歌が集められたものと思われます。『リグ・ヴェーダ』の時代にどのような形の祭式がなされていたのかを明確に知ることはできないのですが、『リグ・ヴェーダ』から読みとれる情報をまとめると、ソーマを水につけて膨らませ、圧搾し、搾り出された汁を濾過《ろか》して不純物を取り除き、水や乳で希釈して（生ではきつすぎるので）、それを神々に献供したり、参加者たちが飲んだりしていたようです。

ソーマは、現在の学界では麻黄（エフェドラ）に同定されるのが普通で、飲んだ人に覚醒や興奮をもたらします。このソーマによってもたらされる精神的な高揚の中で詩人たちが高度な詩歌を紡いでいったことは、序章で述べた通りです。これに加えて、ソーマは戦闘に向けて戦士たちを奮い立たせる気付け薬としても用いられたことが推測されています。ソーマが部族の敵を倒す偉大な戦士インドラの好物であることは、当時の戦士たちがソーマを愛好していたことを物語っているのかもしれません。このようなソーマはインド・イラン語族の人々が移動の過程で遭遇した先進文化から移入した可能性が想定されていて、彼らがソーマを自らの文化に取り入れる前には、蜜酒が気付け薬として使用されていたようです。『リグ・ヴェーダ』四・二六と二七には、鷹《たか》が天界のソーマを地上にもたらした神話が残されています。それによると、天界のとある砦に守られていたソーマを鷹が盗み出すことになっています[18]。この神話を聞いて、北欧神話に詳しい方ならオーディンが盗んだ「詩の蜜酒」の神話を思い起こすでしょう。

巨人の国にある山に隠された詩の蜜酒を、オーディンが口に入れ、鷲《わし》に変身して神々の国へ飛んで逃げる神話です【図9】。その結果、この蜜酒は神々の世界にもたらされ、神々の手によって人間たちとも共有されることになります。この神話は『古エッダ』では断片的にしか語られていませんが、スノッリ・ストゥルルソンの『新エッダ』にその全貌が説明されます[19]。

オーディンが奪った詩の蜜酒は古ノルド語でオーズレリルと言うのですが、興味深いのはこの語の語源的な意味が「激情／狂気へと

【図9】鷲の姿で詩の蜜酒を盗むオーディン

動かすもの、激情／狂気へと刺激するもの」であることです。詩の蜜酒オーズレリルは、飲んだ人の精神を高めて優れた詩を生み出す原動力となるのです。事実、『古エッダ』「高き者の箴言」第一四一歌では、この詩の蜜酒を飲んだオーディンが「ことばが、ことばからことばをわしに探してくれ」た、と語っています[20]。

このように、詩のことばを次々と湧きあがらせるような効果を発揮する点はインドのソーマと同じです。しかも、インド・イラン語族の人々がソーマと遭遇する以前には、蜜酒がその代わりに用いられていました。とすると、蜜酒を飲んで詩想を感得するという風習は、古くインド・ヨーロッパ語族の共住時代にまで遡るものなのかもしれません。

なお『リグ・ヴェーダ』がつくられた時代においても、ソーマが蜜酒として認識されている、あるいはソーマが果たす役割を担うような飲料としては蜜酒が理想とされていることが、『リグ・ヴェーダ』に残された詩歌からわかります。たとえば『リグ・ヴェーダ』二・三六・四には「ソーマからなる蜜」という表現があります。これは明らかにソーマを蜜酒と同一視したものです。

二人で唱える呪文

魔神たちが追ってきたことを受け、インドラとウシャナス・カーヴィヤは声をそろえて次の詩歌を唱えました。

良き武具を伴って　神たる滴は清まる
呪言を打ち砕く者として　己の群勢を守りながら
神々の父　職能優れた創出者にして
天の支柱　地の基盤として。

二人が歌ったこの詩歌は『リグ・ヴェーダ』第九巻第八七歌篇から取られたもので、この歌篇の第二詩にあたるのですが〔21〕、この『リグ・ヴェーダ』第九巻第八七歌篇の作者はまさにウシャナス・カーヴィヤであると伝えられています。先に述べたように、『リグ・ヴェーダ』第九巻はソーマへの讃歌が集められた巻であり、当該の詩歌もソーマを讃えるものとなっています。

詩歌に出る「良き武具」とはおそらく搾られたソーマを純化する濾し器のことで、そのことは「神たる滴は清まる」という表現から推測できます。そのようにして純化されたソーマ汁は、自らの群勢を守る天の支柱となることが語られています。ここで「天の支柱」は天が落ちてこないように支える支柱であると考えることができます。インドラとウシャナス・カーヴィヤが手元にソーマを持っていたのかどうかはわかりませんが、とにかくこの「天の支柱」ということば通り、彼らは天にまで届く支柱を出現させました。魔神たちはこの支柱を越えることができず、こうしてインドラとウシャナス・カーヴィヤは追手である彼ら魔神たちをかわしたのです。

これまで見てきた物語では、呪文の発話者は一人でしたが、ここでは**二人の人物が同時に同じ呪文を発声する**ことになっています。当該の「天の支柱」の歌を一人で唱える場合と二人で唱える場合とでどのような効果の違いがあるのかは具体的にはわかりません。しかし、どちらか一人ではなく二人で唱えたところを見ると、一人だけの朗唱では魔神らを阻むほどの支柱を出現させることはできないという発想が背景にあるのかもしれません。二人以上で唱えて初めて真の効果を発揮する呪文ということでしょうか。

この呪文を唱えたときインドラとウシャナス・カーヴィヤは逃げている途中であり、それは日常とは異なる特殊な状況です。このような特殊な状況は呪文のことばを外側から高めることに貢献していると言えるでしょう。先に見た戦車競争という状況と同じです。一方で、当該の呪文のことばは、韻文であることや「武具を伴う」や「群勢を守る」などの隠喩表現の使用といった枠組みによって内側から高められています。

歌うインドラ

インドラが詩歌を唱えるこの物語を読んで少し不思議に感じた読者の方もいるかもしれません。インドラと言えば、専用の武器ヴァジュラを用いて敵を倒す神として広く知られています。漫画作品『北斗の拳』の中でも、主人公のケンシロウは自らが伝承する北斗神拳を闘神インドラの化身であると言っています[22]。つまり、インドラは拳などの物理なものを使って物理的に相手を打ち倒す存在として認知されている傾向があります。

しかしそれだけではなく、インドラにはことばの力というものを使って偉業を成し遂げるという側面もあるのです[23]。『リグ・ヴェーダ』においてインドラは、序章で見た「見者」(カヴィ)、「[興奮に]うち震える者」(ヴィップラ)、「荒ぶれる者」(リシ)という詩人を指す名称によって言及されることがあります。さらにインドラは『リグ・ヴェーダ』一〇・一一二・九では「見者らの中で最もうち震える者(最高の詩人)」とまで言われています。インドラには「歌詞の保持者」という異名もあります。

インドラがことばの力を使う最も有名な偉業はヴァラ神話のそれですが、これについては次章で見ることにして、ここでは一つだけ、ことばの力を使って敵を倒す者としてインドラを描く詩句を『リグ・ヴェーダ』から引用してみましょう。

ばらばらなことば／逸脱したことばを話す者たちを　ぞんざいなことばを話す者たちを

幾千もの好ましからざる者たちを　ことばによって打ち倒し終えた者——。

（『リグ・ヴェーダ』一〇・二三・五前半部）

ここでは、崩れたことばを話す異部族らを、正当なアーリヤ部族に与するインドラが正しいことばを使って倒すことが語られています。一般に理解されているインドラ像とはずいぶん違ったものではないでしょうか。ここで言われる「ことば」も、日常世界のことばではなく、何らかの特別な形（たとえば韻律を伴う詩の形）で発せられて、高められたものであると推測できます。

そういえば、序章で出したことばの起源神話の中で、太初の混沌としたことばを区分／形成したのもインドラでした。やはり、インドラがことばと何らかのつながりを持っていることがわかります。また紀元前二世紀の文法家パタンジャリは、インドラが**ことばの神ブリハスパティ**のもとに弟子入りしてことばの学習を行ったとする逸話を紹介しており、ここでは、インドラはことばの学習者としてことばとつながっています。

ブリハスパティはインドラのために、一〇〇〇神年の間、ことばを一つひとつ述べてことばの通し朗誦を実行した。［しかし］終わりに達しなかった。ブリハスパティが教示者、インドラが学習者、一〇〇〇神年が学習時間であったが、終わりに達しなかったのである。
(『大注釈』第一巻五頁)

ブリハスパティは世界中のことばを一つひとつ列挙してインドラに教授しようとしたのですが、神々の時間単位で一〇〇〇年が経っても、終わりませんでした。それだけとてつもない数のことばが世界には存在しているのです。

一時期、「インドラ文法学」と呼ばれる学問体系あるいはインドラと呼ばれる人物が著した文法学書があった、という想定が学界でなされたこともあります。

第2章

打ちのめし破壊することば

――ヴェーダ神話集その二――

1 導入

本章では、ことばが物質的なものと理解され、物理的に何らかの結果をもたらしていると考えられるヴェーダ神話を取りあげてみたいと思います。

物体としてのことば

何の実体もないただの音声であるはずのことばが、なぜかくも人を傷つけ、最悪の場合には命を奪うものにもなるのでしょうか。あたかも何らかの実体を持った何かが人を物理的に攻撃しているかのようです。インド叙事詩に現れる聖仙たちの呪いのことばの中で「我らの呪いの一撃」という表現がありますが［-］、これは、呪文がまさに物理的な攻撃をなすかのようにとらえられていることを示しています。

発せられたことばを形ある物質的なものと見る背景には、ことばを発するときに出る**息というものの存在**があるかもしれません。息は音声と違って物理的に肌で感じられるものです。そのような息が持つ物質的な印象はことばに転移しえます。発せられることばと息は常に一心同体だからです。人は呼吸をやめると生きてはいけませんから、息は命そのものでもあります。この発想は世界的に見られます。日本語でも「息を吹きこむ」(命を与える)、「息を吹きかえす」(意識が戻る)、「息を引きとる」(命を失う)という言い方をします。このような人間の命そのものである息が使われることになるからこそ、声に出して発せられることばには大きな力があると見なされたのかもしれません[2]。

現代の自然科学では、私たちの世界で引き起こされるさまざまな事象の因果関係、つまり何が原因となって何が結果として引き起こされるかという関係を、物理的なもの同士の関係として見るのが普通です。何かを引き起こす原因が探究されるとき、物質以外の存在は必要とされません。神や不可思議な力は出てこないのです。序章でも述べましたが、現在のところ、呪文が生み出す目に見えない力のような存在は証明されていません。もし今後、自然科学の進展によってそのようなものがたしかに存在し、それが何かしらの結果をもたらすものとして認められるとするならば、それはやはり物質的なものと認定されることでしょう。

武具としてのことば

井筒俊彦は、古代世界の戦闘においては韻文形式で朗誦される詩は敵を打ち倒す武器として働くものであり、それは文献中でしばしば矢や槍に例えられることを指摘しています[3]。呪法集『アタルヴァ・ヴェーダ』では司祭階級の婆羅門たちが発することばが、遠方から敵を射抜く矢に例えられています。しかもそれは、一度放たれれば相手を最後まで追跡するということが述べられています。まるで目標を追尾する能力のある現代の追跡型ミサイルのようです。婆羅門たちに呪いのことばをかけられてしまうと、どんなことをしても決してその呪いからは逃れられないのです【図1】。

鋭き矢を持ち　飛び道具に富む婆羅門たち
彼らの射出する矢が　徒事に終わることなし。
苦行の熱力と憤怒により追跡し
そして遠方から［でも］その者を割き倒す。
（『アタルヴァ・ヴェーダ』五・一八・九）

［毒を］塗られた矢の如し　男たちの主よ。
毒蛇の如し　牛たちの主よ。
婆羅門はかかる恐ろしき矢を有す。
彼はそれをもって　誹謗する者どもを貫く。
（『アタルヴァ・ヴェーダ』五・一八・一五）

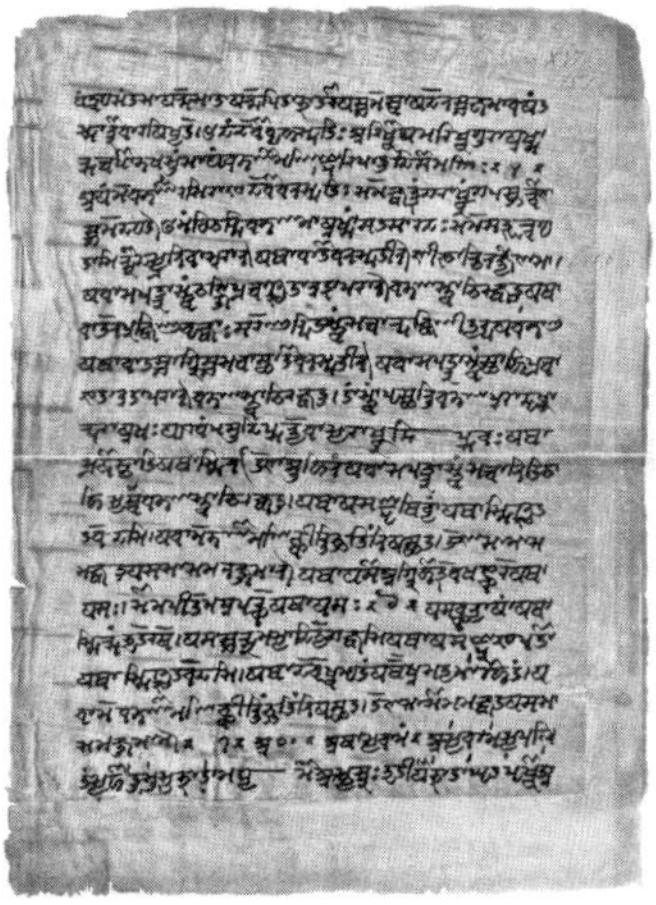
【図1】『アタルヴァ・ヴェーダ』写本の一部

呪文のことばは、ある意味では矢よりも強力です。矢は盾をかざせば防ぐことができますし、建物の中にいる場合など何らかの空間的な障害物があれば矢は届きません。しかし、呪文はそのようなものでは防げません。呪文そのものを取り消さない限り、呪文はどこにでもやってきて当人に何らかの結果をもたらすのです。序章において、詩人たちの賞賛のことばが神々の心臓のもとへ届けられることを述べました。ことばが矢として相手を傷つける場合にも、ことばは心臓に達するものとして描かれることがあります。ことばの矢が相手の心臓を貫くのです[4]。

右では聖職者たる婆羅門たちのことばが飛び道具である矢に例えられていましたが、『マヌ法典』(紀元前二〇〇年から紀元後二〇〇年にかけて編纂)という人々の生活規定を説くインドの法典文献では、それは何かを切るための武器としての剣であるとされています。

婆羅門はことばの剣を持つのである。
再生族(婆羅門)はそれによって敵たちを殺す。
(『マヌ法典』一一・三三後半部)

一方で、ことばはこのように相手を傷つける武器だけでなく、自らを守る防具にも例えられることがあります。『アタルヴァ・ヴェーダ』一七・一・二七では「われは聖句の鎧に覆われている」と言われています。ここで「聖句」と訳した原語はブラフマンであり、序章で見たように「実現力あることば」あるいは「ことばの実現力」を指します。ここでは前者の意味でとりました。

ことばの暴力

現代の日本語に「ことばの暴力」という言い方がありますが、文字通りにとれば、「ことばが持っている乱暴な力」というような意味でしょうか。

一般的には、この「ことばの暴力」という表現は「それはことばの暴力だ」とか「ことばの暴力はやめなさい」というように、ことばを使って相手の内面を傷つける行いを指して用いられることが多いと思います。普通、「暴力を振るう」や「暴力に訴える」は手足や道具を使って物理的に相手に危害を加えることを言います。「ことばの暴力」という表現はそのような行いの手段が「ことば」であることを明示する表現ですが、この表現の裏には、一般的に暴力を振るう手段である手足や道具と同じように、ことばを何か形のある物質的なものととらえる観念が見られるような気がします。

悲しいことに、今の世の中はことばの暴力で溢れかえっています。また、社会で問題となっているハラスメントにはさまざまなものがありますが、ハラスメントと呼ばれる事例の多くの場合においても、ことばの暴力が絡んでいるように思います。ことばの暴力はある場合には犯罪と認定され、暴力を振るった人は何らかの罰を受けることになります。特定のことばの暴力が禁止され、その禁を破ったものはしかるべき刑に処せられることは中世インドでも同じでした。『マヌ法典』と同じく人々の生活規定を説く『ヤージュニャヴァルキヤ法典』(三世紀から四世紀)という文献が与える規定をいくつか見てみましょう[5]。

真実、虚偽、もしくは事実に基づかない讃辞により、身体障害者、感官障害者、病人を侮辱すれば、十二パナ半の罰金が科せられる。「お前は、お前の姉妹か母を犯すことになる」と呪詛をかける者に、王は二十五パナの罰金を払わせるべし。
(『ヤージュニャヴァルキヤ法典』二・二〇八〜二〇九)

腕、首、眼、腿に損傷を加えると言葉で[脅迫した]場合は百[パナの罰金]、足、鼻、耳、手等に関しては、その二分の一[の罰金が科せられる。]ただし、実行能力のない者が上記のそのような言葉で[脅迫を]した場合は十パナの罰金が科せられるべし。実行能力ある者は、かれ(被害者)の保全のために保証人を提出させられるべし。
(『ヤージュニャヴァルキヤ法典』二・二一二〜二一三)

三ヴェーダに精通するブラーフマナ（トライヴィドヤ）、王、神に対する侮辱は最高罰金［を科せられるべし］。生まれ（ジャーティ）、諸団体（プーガ）に関するものは中位罰金、村、地方に関するものは最低罰金［を科せられるべし］。
（『ヤージュニャヴァルキヤ法典』二・二一五）

細かく規定が設けられていることがわかると思います。それだけことばの暴力というものが社会に横行していたのでしょう。

左記において、ことばが物質的なものとして働きをなしていると思われるヴェーダ神話を一つずつ見ていこうと思いますが、ここで一つ注意すべきことがあります。右でことばの暴力の話をしてまいりました。「暴力」という日本語は、現代では否定的な意味合い、人がなしてはならないことという意味合いを含んでいますが、これから神話の中で見ていくことばによる攻撃は、そのことばを使う側にとっては正当化の必要な暴力などではなく、当人がなすべきであった当然の振る舞いだったのです。

2 戦神インドラの魔女殺しの歌

前の章で、詩歌を歌う者というインドラの一側面に触れました。これから紹介する物語でも、インドラは詩歌を歌うことで敵を倒します。しかも、そのインドラの詩歌は彼が振るう戦棍ヴァジュラに見立てられています。詩歌が物資的な武器と見なされていることから、ちょうど武器で敵を打ち倒すように、歌で物理的に敵を打ち倒すという観念をそこに読み取ることができます。

この物語については、『性愛と暴力の神話学』（晶文社、二〇二二年）に掲載されている私の書き物の中で詳しく分析したことがあります[6]。ここではそこでの記述に基づきつつも、ことば遣いを改めて、ある場合には修正を施し、ある場合には補足的な情報を肉付けしながら、説明と考察を行っていきたいと思います。本書では、もとはあった多くの注を省略していますので、より詳細な情報を求める方は『性愛と暴力の神話学』を手にとっていただければと思います。

物語の概要

まず物語の概要を述べておきます。

長舌という名の女の魔神が、祭式の場でインドラのために用意されたソーマ汁をいつも遠くから舐めとっていました。インドラは彼女を捕まえようとするのですが、失敗に終わります。そこで、「女というものは美男子の誘惑に弱い」という考えのもと、美男子スミトラを呼び寄せて、長舌に騙し討ちを仕掛けます。スミトラは長舌のところへ赴き、自らへの愛を要求しますが、長舌はスミトラでは自分に釣り合わないと言います。スミトラは男性器を一つか有していないのですが、長舌は「手足という手足に」女性器を有していたからです。

そこでスミトラは一度インドラのもとへ帰り、この件を報告して、手足という手足に男性器をつくってもらいます。再び長舌のところに現れたスミトラは、再び愛を要求し、自らの男性器を見せます。それら男性器に満足した長舌はスミトラを情事へと誘います。その際、スミトラの名を尋ね、その「スミトラ」(「良き友」)という名を聞いて「まことに美しい名だ」と言います。

情事が終わったところで、スミトラはすべての女性器に男性器を挿入したまま長舌を捕縛します。長舌は「汝の名は『良き友』ではなかったのか」と彼の行いを非難しますが、スミトラは「われは悪しき友に対しては悪しき友となる」と言って自身の行いの理屈を語ります。

ここで、スミトラはある旋律群を伴う諸歌を歌ってインドラを呼び寄せ、駆けつけたインドラは詩歌を朗唱して長舌を滅ぼします。

一体なんなんだこの話は、と思ってしまうような話です。

『グリム童話』を改作する際、ある特定の性的な表現を執拗に退けたことで知られるグリム兄弟の弟ヴィルヘルム・グリムがこの物語を見たら、どんな顔をするでしょうか。この長舌物語もまた、ヴェーダ祭儀書文献で語られる物語の一つとして、祭式要素の意義や背景を説明するものにはなっているのですが、このような物語がどうやって生み出されたのかは定かではありません。

原典の和訳

原典の和訳は次の通りです。

長舌と呼ばれる女の魔神がいた。彼女はソーマ汁というソーマ汁を舐めとるのを常としていた。[彼女は] 北方の海辺にいた。南方、東方、西方の海辺でいつも搾られていたそれ（ソーマ汁）を、同じそこ（北方の海辺）から［彼女］は舐めるのを常としていた。インドラは彼女を捕まえようとしたが、捕まえることができなかった。それで彼は言った。「誰も祭式を行うことなかれ。この長舌は他ならぬソーマ汁というソーマ汁を舐めるのだ」と。

さて、クッツァの子、美男子スミトラがいた。それで彼(インドラ)は彼(スミトラ)に言った。「スミトラよ、汝は美男子だ。女たちは美男子に容易く誘惑されるものなのだ。この長舌を誘惑してみよ」と。[スミトラは]彼女のところに来て言った。「長舌よ、われを愛せ」と。すると彼女は言った。「汝の男根は一つのみ。われの女根は手足という手足にある。それゆえ[汝の男根は]釣り合わないのだ」と。そこで彼は戻って来て[インドラに]言った。「『汝の男根は一つのみ。われの女根は手足という手足にある。それゆえ[汝の男根は]釣り合わないのだ』と彼女はわれに言ってきた」と。「汝の手足という手足に男根をつくるとしよう」と[インドラは]言った。

それらを前もって覆い包み、[スミトラは彼女のところに]やって来た。[スミトラは]彼女に言った。「長舌よ、われを愛せ」と。すると彼女は言った。「汝の男根は一つのみ。われの女根は手足という手足にある。それゆえ[汝の男根は]釣り合わないのだ」と。「われの他ならぬ手足という手足には男根があるぞ」と[スミトラは]言った。「よし、汝のをわれは見てみよう」と[長舌]。[スミトラは]それらを彼女に見せた。それらは彼女の気に入った。そこで、彼女は「来るのだ」と言った。「汝の名は何か」と。「名はスミトラ(「良き友」)だ」と[スミトラ]。「汝の名はまことに美しい」と[長舌は]言った。

両人は同衾《どうきん》した。彼女の中に事をなし終えるやいなや、当人を、まさにそのとき、[スミトラは］しかと押さえこんだ。そこで彼女は言った。「敵め、汝は自分のことを『スミトラ（良き友）だ』と先ほど言わなかったか」と。すると彼は言った。「たしかにわれは良き友に対しては良き友に他ならない。悪しき友に対しては悪しき友である」と。
そのとき彼は例の諸々の「スミトラ旋律」を見た。それらを通じて讃えた。それらを通じてインドラを呼び寄せた。するとインドラが次のアヌシュトゥブ韻律の詩を戦棍として振り上げて、走り来た。

汝らの［ソーマの］若芽を予め勝ち取って（確保して）
酔いをもたらす　搾った［ソーマ］のため
汝らは犬を突き離せ
仲間たちよ　長い舌をした女を。

まさに以上によって、彼女（長舌）を［インドラは］打ち殺した。そのようなこれらは、競争相手を打ち倒し、毀損力を打ち倒す諸讃歌である。これら諸讃歌によって讃え終えた者たちは、憎悪する競争相手を打ち倒す、災厄である毀損力を打ち退ける。
（『ジャイミニーヤ梵書』一・一六一～一六三）

▼解説と考察

魔神

物語の中で長舌は女の魔神（アスリー）とされています。アスリーという語は「魔神」を意味するアスラという語の女性形です。

本来アスラという語は「主、首長」を意味しており、そこに「悪魔、魔神」という意味はありませんでした。『リグ・ヴェーダ』では、インド・イラン共住時代の段階で社会制度が神格化されて生じた新しい神々であるヴァルナやミトラなどが「アーディティヤたち」と呼ばれ、また「アスラたち」と呼ばれる場合があります。おそらくアスラという呼称は本来これら神々の筆頭であるヴァルナのものであったことから、「アスラたち」という表現は、「アスラ（ヴァルナ）とその他の者たち」という意味であると解されています[7]。

これら新しい制度の神々は後に恐れられて、それら神々を指していたアスラという語は「魔神」を意味するに至ります。ヴェーダ祭儀書文献において、明確にアスラは神々に敵対する魔神として登場します。このように、インド側では厳しい社会制度の神々は好まれませんでしたが、イラン側では平和的な定住生活を目指すゾロアスターにはそれらが好まれて、アスラの筆頭であるヴァルナが最高神アフラ・マズダーとなった、とするのが学界における一つの理解です。

長い舌および手足にある女根と男根

このような魔神の一人である長舌は、その名の通り、北方の海辺にいながら南方、東方、西方それぞれの海辺にまで届くほどの長い舌を持っていました。この長い舌というものがすでに性的な暗示、すなわち男根を好むという長舌の性質の暗示を含んでいる可能性が先行研究では指摘されています。加えて、長舌が舐めるものとして描かれるソーマ汁によって精液が暗に示されているとするならば（ソーマ汁と精液はいずれも白い）、長舌がその長い舌をつかってソーマ汁を舐めているという描写にも、性的な暗示を読み取ることが可能でしょう。これらを考慮すると、長い舌を使ってソーマ汁を舐めていたという描写は、精液並びにそれの出どころである男根を好むという長舌の性質を表すものと言えるかもしれません。

長舌が男根を好むものであることは、彼女の形態、そして彼女が最初にスミトラに対して取った態度にも現れています。まず、長舌の女根は通常の場所だけではなく手足という手足にあります。その数の分だけ男根を受け入れることができるということであり、このことは、その数の分だけの男根がないと満足しないという性格を示唆します。

事実、長舌は男根を一つしか持っていないスミトラとの性行為を、自分とは「釣り合わない」という理由でまず拒絶します。そして、スミトラが長舌と同じ数の男根を手足という手足に携えてやって来たとき、「汝のを見てみよう」と興味を示し、それらを気に入り、最終的にスミトラと床をともにしています。インド性愛文化は、過剰で包み隠さないものとして知られていますが、この長舌物語にもそのような傾向が現れていると言えるのかもしれません[8]【図2】。

何かを通常の数よりも多く持つことは、その保持者が何らかの点で多能であることを示すものであり、その者の神性や超越性の証と見ることができます。たとえば本邦では千手観音や八岐大蛇、インドでは四顔の梵天や千腕のアルジュナ、ギリシアでは百手の巨人など、その例を挙げればきりがないでしょう。本物語の長舌も、異常な数の女根を持つ者として特別な性的能力を有すると解することができます。これこそが長舌の売りでしたが、それは同時に長舌の弱みでもあったようです。なぜなら彼女は、手足という手足にある女根に男根が差し込まれたせいで身動きが取れなくなってしまうのですから。結果、そこに駆けつけたインドラによって長舌は討ち滅ぼされてしまいます。

【図2】好色な男女（杉木恒彦先生より提供）

ソーマ汁

ソーマ汁と、この液体をインドラが好むことについては前章で述べました。ここではインドラとソーマの関係をもう少し具体的に見ておきます。『リグ・ヴェーダ』においてインドラはソーマを好み、ソーマに酔う者として描かれます。彼はソーマの力をもって異部族を打ち倒し、戦闘を勝利に導きます。彼の有名な武勲の一つである大蛇ヴリトラ殺しにおいても、インドラは祭場で捧げられたソーマ汁に酔い、力を得た上で、その偉業を成し遂げます。当該の長舌物語でも、ソーマはインドラに捧げられるべく儀礼の場で用意されていたはずですが、その大好物を長舌がいつも舐め尽くしてしまっていたため、インドラは長舌を滅ぼそうとするのです。

インドラがどれくらいソーマ好きかというと、ばらばらにされて水中に漂う死体の口についていたソーマ汁を、魚に変身して飲み尽くしてしまうほどです。辻直四郎『古代インドの説話――ブラーフマナ文献より』で「ウパグ・サウシュラヴァサの物語」と名づけられている物語の中に出てくる場面です（八一～八三頁）。

美男子と異形の者の交わり

数多くの女根と高い性的能力を持つ異形、異質の者である長舌と交わるためには、スミトラも通常とは異なる姿をとり、それにより通常とは異なる性質を身にまとわなければなりませんでした。

異形、異質の者と関わる際には通常とは異なる姿と性質を有する必要があるという構造は、たとえば、ギシリア神話の中でよく知られたペルセウスとメドゥーサの物語の構造と同じです。メドゥーサは醜怪な顔、蛇の頭髪、猪のような歯、黄金の翼を持ち、その眼には人を石に変える力を宿す異形、異質の者でした[9]。このようなメドゥーサを倒すべく、英雄ペルセウスも通常とは異なる姿をとり、通常とは異なる性質を身にまといます。すなわち、彼はメドゥーサを殺すにあたり、ニンフたちから翼の付いたサンダル、獲物を入れるための袋、姿を見えなくする帽子を借り、ヘルメスからは黄金の鎌を与えられています[10]【図3】。

長舌物語において、スミトラに多くの男根を授けるのはインドラです。すでに述べたように、『ジャイミニーヤ梵書』でインドラは種々のものに姿を変える者として描かれますが、当該の物語では相手の姿を変える役割を果たしています。インドラが自ら長舌を捕らえることができなかった理由は物語中で直接的には語られていませんが、見目麗しい美男子であるスミトラを使って色仕掛けで長舌を捕らえようとしたところを見ると、インドラの容姿は長舌を魅力するほどではなかったようです。もしインドラの容姿がスミトラと同じくらい端麗であったなら、自らの手足に男根を生み出して長舌を誘惑し、最終的に彼女を捕らえることができたはずです。実際、インドラは自身の手足にも男根をつくることがあることが知られています。

長舌の姿に関連して付言しておくと、まず物語中で長舌が犬のような姿をしたものと考えられている可能性が想定されています。物語においてインドラが長舌を倒すときに歌う詩が、ソーマ汁を舐めようとする犬を追い払うことをその内容としているからです。また、長舌が女根に男根を挿入されて動けなくなったことを、犬たちが性行為中に固まって動けなくなることに関連させ、そこに長舌と犬とのつながりを見る研究者もいます。なお、ソーマ汁に近づいてくる犬を打ち払うことは『リグ・ヴェーダ』九・一〇一・一三でも語られており、その当時、儀礼の場に侵入した犬によってソーマ汁などの供物が舐められ損なわれてしまうことが問題となっていた状況が窺えます。犬が供物を舐めてしまうことを忌避する観念は、『マハーバーラタ』や『マヌ法典』など後代の文献の記述にも表われています。

【図3】メデューサの首を切り落とすペルセウス

性交前の名乗りと契約

長舌は行為を始める前に、スミトラに対して名を尋ね、「良き友」を意味するスミトラという名を聞くと、その名を美しいと言っています。性交は身を相手にさらして無防備となる行為ですから、そのような行為をする際には相手に対する絶対的な信頼が不可欠なのでしょう。ですから、本当に信頼してよい相手かどうかを、相手の本質を形づくる名前を聞くことによって長舌は確かめようとしたのかもしれません。

そのことは、長舌がスミトラに捕らえられたときに発する非難の台詞「敵め、汝は自分のことを『スミトラ（「良き友」）だ』と先ほど言わなかったか」に表われています。スミトラの名前を聞いて良い人物に違いないと判断した長舌は、最終的に彼を受け入れたのでした。ここには、日本語で「名は体を表す」と表現される概念を見てとれますが、このあたりの話は次章で詳しくいたします。

あるいは、同じく次章でお話しすることになる「相手の名を知ることは相手を支配すること」という観念を考慮するならば、長舌は、自らが無防備になる性交中に何があっても対処できるよう相手を自分の支配下においておくために、性交前にスミトラの名前を聞いたのかもしれません。ただ最終的に長舌は何も抵抗できずにスミトラに捕まえられてしまうので、この可能性は低いと思われます。

長舌はスミトラを批判する台詞として最初に「敵め」と言っています。「敵め」と訳した原語はアレー（are）であり、この語はアリ（ari）という語の呼格形（呼びかけを行うための語形）です。この語の本来の意味は「部族の成員」と考えられ、自らの部族と係争関係にある部族の一員を指す場合には「敵部族の一員、つまり敵」、契約関係（同盟関係）にある部族や自らの部族の一員を指す場合には「客人」となります[11]。

美しい名前を告げて受け入れられた段階では、スミトラは長舌にとってある種の契約関係にある異部族の客人と見なされたはずですが、長舌を裏切った段階でスミトラは「敵」と見なされたのです。契約関係にない敵を指すことばがスミトラを非難する台詞の中に使われていることから、それ以前にはある種の契約が成立していたことが示唆されます。そして「敵め」に続く長舌の台詞の内容から、スミトラが名を名乗り、長舌がそれを美しい名と認めた段階で「スミトラが長舌に害をなす者ではないという条件で長舌はスミトラを受け入れる」というような契約が成立していた、と解釈することもできるかもしれません。

歌われて歌うインドラ

長舌物語の中でインドラは詩歌を唱えることで長舌を滅ぼすことになります。この詩歌は『リグ・ヴェーダ』九・一〇一・一にあたります。再度ここに引用してみましょう。

汝らの［ソーマの］若芽を予め勝ち取って（確保して）
酔いをもたらす　搾った［ソーマ］のため
汝らは犬を突き離せ
仲間たちよ　長い舌をした女を。

インドラが携えてきたこの歌詩が、彼が敵を打ち倒すときに振るう戦棍ヴァジュラに例えられていることから、この詩歌がヴァジュラと同様に物理的なものと見なされていることがわかります。

ここで注目すべきは、スミトラが旋律にのせた歌でインドラを呼んだ後、インドラが詩歌を歌って敵を倒すという構造が示されていることです。インドラは歌われた上で歌っています。誰かに歌いかけられた後、それに応じてインドラも歌うという形です。『リグ・ヴェーダ』には次のような描写があります。

マルトたちは座においてインドラに讃歌を唱える。
トリシュトゥブ韻律のことばによって彼（インドラ）は天を押しやる。
（『リグ・ヴェーダ』五・二九・六後半部）

ここでは、マルト神群に歌いかけられたインドラが、特定の韻律を伴うことばによって天を押しあげることが語られています。天を上部に押しあげて支えることで、重なり合っていた天地を切り離し、太陽が通ることのできる空間を天と地の間に確保したことは、インドラに帰せられる偉業の一つです。その偉業をことばの力をもってなしたことが語られています。

このように、インドラは歌われることで、自らのことばの力が高まる存在のようです。この場合、他者がインドラにまず歌いかけるという行為は、インドラ自身のことばを高めるための外的な枠組みとして機能していると言えるでしょう。この他、詩歌によってインドラの力が増すことは『リグ・ヴェーダ』が繰り返し語るところです[12]。『リグ・ヴェーダ』でインドラは「歓迎歌を好む者、歌好き」（ギルヴァナス）と言われていて、誰かから歓迎の歌を歌ってもらうことを好む存在であることがわかります。

3 戦神インドラの歌と呪術師たちの合唱

前節では、インドラが歌の力によって何かに物理的な損傷を与えること、そしてそのような行いをなす際に前もって誰かから歌われることを見ました。この節で取りあげる神話にも同じことが言えます。呪術師集団の合唱を伴って、インドラも詩歌を唱え、敵部族の防御施設を破壊します。

物語の概要

これから紹介し、考察を行う神話は「**ヴァラ神話**」という名で知られています。ヴァラという単語が物語上で具体的にどのようなものを指しているのかは明らかではないのですが、この単語自体は普通「洞穴」を指すと考えられています。原義はおそらく「閉じ込める場所」であろうと思われますが、左記の原典和訳では「洞穴」と訳しています。

パニと呼ばれる裕福な異部族がその洞穴に生活の生命線である雌牛たちを隠しています。アンギラスという名の呪術師たちとインドラまたはブリハスパティがことばの力によってこの洞穴の壁を破壊して、中にいた雌牛たちを強奪する物語です。この雌牛たちは赤みを帯びた、桃色のものとして描かれるのですが、それはしばしば曙の光、早朝に昇ってくる太陽の光と同一視されます。

この物語は、現実世界の出来事を描くものとしては、英雄が敵部族を倒してその富を奪いとるという武勲を語っていることになりますが、それと同時に宇宙の循環を説明するものとしては、隠されていた太陽光を解放する神話でもあるのです。

原典の和訳

ヴァラ神話はヴェーダ祭儀書文献にはまとまった形で保存されていませんが、『リグ・ヴェーダ』中の詩歌が頻繁に言及しています。したがって、そのような言及箇所を集めることで、ヴァラ神話がどのような神話だったかを知ることができます。『リグ・ヴェーダ』に残されていることから、相当に古い神話であることがわかります。ここでは、『リグ・ヴェーダ』でなされる言及の中から、比較的わかりやすいものをいくつか取りあげて、その和訳を提示したいと思います。

左記に提示する『リグ・ヴェーダ』の詩歌の中には、ことばの力を使って洞穴を砕く主体をインドラとするものもあればブリハスパティとするものもあります。ヴァラ神話において、ことばの力で洞穴をこじ開けるのは基本的にブリハスパティなのですが、彼と組んだインドラにも同じ功績が帰せられることがあるのです。そしてそのため、両者を本来は同一の神とする意見もあります。この立場のもとでは、ブリハスパティはインドラが持つ祭官詩人としての側面をとって形成された神とされています。

しかし普通は、インドラと手を組んで洞穴を破った別の神として解釈されることが多いようです。右に述べたように、ヴァラ神話にはこれらインドラやブリハスパティに加えて、アンギラスと呼ばれる呪術師集団も登場しますが、ブリハスパティはこの呪術師たちの親分のような存在です。

本書はここ以外の箇所ではすべてヴェーダ祭儀書文献から神話を取っていますから、ここだけ『リグ・ヴェーダ』から取ってしまうと、不統一のように感じられるかもしれません。しかしながら、たとえそのような不統一な印象を与えることになったとしても、ことばの力を扱う本書においてこの物語を取りあげないわけにはいきませんでした。私たちの分野の人間が「ヴェーダ神話に見られることばの力」と聞いて、真っ先に思い浮かべる神話の一つであるくらい、この神話は有名なものだからです。それでは原典の訳を見てみましょう。

インドラとアンギラスたちが［雌牛たちを］探すとき

子孫繁栄のためサラマーは居所を見出す。

ブリハスパティは巌《いわお》を割いて牛たちを見出す。

赤みを帯びた［雌牛たち］と共に　男たちは鳴き求め合った。
（『リグ・ヴェーダ』一・六二・三）

彼（ブリハスパティ）は雌牛たちを駆り出した。聖句によって洞穴を割いた。
彼は暗闇を隠した。太陽光を輝き渡らせた。
（『リグ・ヴェーダ』二・二四・三後半部）

インドラは　砦を割く者は　歌詞によって夷狄を征服した
富を見出す者は　敵たちを粉砕しながら。
（『リグ・ヴェーダ』三・三四・一前半部）

男らは　ウシジュ（祭官）らは　神的なことばによって
雌牛に富む堅牢な囲いを開いた。
（『リグ・ヴェーダ』四・一・一五後半部）

彼（インドラ）は　見者たちの二人の母（天地）を　太陽によって
輝かせた。彼は讃えられて巌をこじ開ける。

良き思慮もつ歌い手らと共に鳴き求めながら
彼は赤みを帯びた［雌牛たち］の束縛を解き放った。
（『リグ・ヴェーダ』六・三二・二）

砦を打ち砕く者は　仲間たちと手を組んで
諸々の堅牢な砦をこじ開けた　詩人たちと共に　詩人として。
（『リグ・ヴェーダ』六・三二・三後半部）

彼は　洞窟の［未だ］こじ開けられていない背面をこじ開ける。
インドラは　諸々のことばを使ってパニたちと戦う。
（『リグ・ヴェーダ』六・三九・二後半部）

インドラは　乳牛たちの守り手である洞穴を
手でそうするかのように　吠え声で切り砕いた。
（『リグ・ヴェーダ』一〇・六七・六前半部）

▼解説と考察

インドラとブリハスパティ

インドラとブリハスパティが持つ性格についてはすでに述べました。インドラは物理的な武器を使って偉業をなすだけでなく、右に示したヴァラ神話が示すように、ことばという武器を使って武勲を立てることもあります。ブリハスパティは霊力あることばを司る神であり、そのようなことばを使って洞穴を破ることが右のヴァラ神話では述べられています。

右に挙げた詩句のうち、『リグ・ヴェーダ』二・二四・三には「聖句によって洞穴を割いた」とあります。ここで「聖句」と訳している言語は前回と同様にブラフマンであり、「実現力のあることば」という意味でとっています。ブリハスパティまたはインドラが洞穴の壁を打ち砕いた実際の呪文がどんなものだったかはわかりませんが、内容通りの事柄を実現することば（ブラフマン）を発してそれを砕いていることから、「洞窟の壁が砕ける」とか「洞窟の扉が開く」といった内容を持っていたのではないかと想像します。『千夜一夜物語』に収められている一話「アリババと四〇人の盗賊」で、盗賊団の巣窟の扉を開けるためにアリババが唱えた呪文は「開けゴマ」ですが、このことば通り、この巣窟の扉は開きます。

アンギラス

ヴァラ神話ではインドラやブリハスパティだけがことばの力を振るうのではありません。彼らの周りにはアンギラスと言われる祭官族がいます。インドラは彼ら祭官族に歌われた上で歌うこともあります。このことは右に挙げた『リグ・ヴェーダ』六・三二・二にて「彼は讃えられて巌《いわお》をこじ開ける」と表現されています。その他、『リグ・ヴェーダ』一・六二・一には、詩人たちがインドラのために力漲《みなぎ》る賞め歌を古の祭官アンギラスたちがそうしたように考え出すことが述べられています〔13〕。最終的に歌うのはインドラ一人であっても、彼に力を与えるために歌唱する歌い手は複数人います。複数人による合唱がインドラに力を付与するのです。単純に考えれば、合唱者が多ければ多いほど、インドラの力は増すのでしょう。

アンギラス族とは太古の詩仙たちであり、『リグ・ヴェーダ』に詩歌を残した詩人たちの祖先にあたります。そのような各家系の祖にあたる人物たちがここで「アンギラスたち」と呼ばれています。『アタルヴァ・ヴェーダ』の最古の名称は「アタルヴァ・アンギラス」であり、これは古の祭官族であるアタルヴァン族とアンギラス族の名に由来します。

利益を与える白呪術（白魔術）と危害を与える黒呪術（黒魔術）の二種に区分する考え方を序章で見ましたが、『アタルヴァ・ヴェーダ』に収録された呪法もこの二種に分けられます。それらのうち、白を司るのがアタルヴァン族、黒を司るがアンギラス族であるとするのが伝統的な見方です。

当該のヴァラ神話でも、アンギラスたちのことばは結果だけを見れば洞穴の壁を破壊するために使われているため、彼らによる呪文の発声は黒呪術に相当すると言えそうです。一方、彼らの呪文はあくまでインドラを力づけるためだけに使われていると考えるならば、彼らの呪文の発声は白呪術です。いずれにせよ、このような古の呪術師集団がアンギラス族です。

インドラとアンギラスたちが鳴く

右に引用した原文訳では、インドラまたはブリハスパティとアンギラスたちが洞穴の壁を壊す際にまるで動物のように「鳴き求める」ことが何度か述べられています。

これについての一つの解釈は、彼らは洞穴内に閉じ込められた牛たちの鳴き声の真似をしているというものです。牛たちの声真似をしてどうなのるかというと、それに誘発されて洞穴内の牛たちも鳴き声をあげることになります。「鳴き求める」ということが述べられている二つの箇所、すなわち『リグ・ヴェーダ』一・六二・三と六・三二・二では、この「鳴き求める」という事態を表現するためにヴァーシュという動詞語根の派生形が使用されています。

この動詞語根ヴァーシュは「母牛が子牛を、あるいは子牛が母牛を求めて鳴く」という語感を持っています。それゆえ、この動詞語根の派生形が用いられていることから、集団が洞穴外から牛たちを求めて鳴き声をあげ、それに対して洞穴内の牛たちも集団を求めて鳴き声をあげるという相思相愛の関係が意図されていると考えることができます。これら二方向からの鳴き声によって洞穴の壁を砕くのです。

この場合、明確な意味をなすことばではない鳴き声というものにも、大きな力が想定されていることになります。牛たちの声を真似することで牛たちを獲得しようとする行為は、たとえば大地に水をまくこと（雨を真似ること）で雨を降らそうとする行為と同じ構造を持っています。したがって、これは序章で見た呪術の一つである類感呪術にあたります。

加えて、右にあげた『リグ・ヴェーダ』の詩歌のうち、最後の一〇・六七・六では「手でそうするかのように　吠え声で切り砕いた」と歌われています。ここで言う「吠え声」は互いに求め合う「鳴き声」とは違って、攻撃的な性格を帯びたものです。そしてこの箇所からは、インドラが発することばというものが手と同じ物体として想定され、それが物理的に洞穴の壁を壊したと考えられていることを確認できます。

サラマー

右の引用部で最初に挙げた『リグ・ヴェーダ』一・六二・三では「サラマーは居所を見出す」と述べられています。ここで言われる「居所」とは牛たちが囲い込まれたパニ族の砦、洞穴のことです。インドラやブリハスパティらがことばの力で壁を砕くヴァラ神話には前舞台があって、そこに登場するのがインドラの使者である雌犬サラマーです。

パニ族が洞穴に閉じ込めた牛たちを解放すべく、雌犬サラマーがインドラによって遣わされます。パニ族を発見したサラマーは彼らと交渉をしますが、パニ族は牛たちを引きわたすことを拒否します。サラマーからの報告を受けたインドラは呪術師団と共にその場へやってきて、ことばの力でパニ族の巣窟を打ち砕くのです。雌犬サラマーとパニ族の対話は『リグ・ヴェーダ』一〇・一〇八に語られていて、辻直四郎先生の翻訳で読むことができます[14]。雌犬サラマーとパニ族の物語はヴェーダ祭儀書文献でも語られています。こちらも辻先生の翻訳で読むことができます[15]。

ところで犬は普通インドではさげすまれる傾向にあります。先に見た長舌物語でも言及したように、犬は祭式の供物を舐めたり食べたりして台無しにすることから、忌避される側面を持っているのです。日本語でも「犬のような人」などという表現はあまりいい意味では使われません。日本の俗信で、人に害をなす目に見えない憑きものを指して「**犬神**」ということばも使われます。犬神が憑いた異常な精神状態のことやそのような状態にある人を「犬神憑《いぬがみつき》」と言ったり、犬神を操る人物を「犬神使い」と言ったりします。何か悪いものを指示するのに「犬」ということばを使っているのです。

一方、右の物語において雌犬サラマーはパニ族の洞穴を見事に発見し、彼らの懐柔策にも屈せず、主人たるインドラに忠実な態度を示す優れた犬として描かれます。この点、犬にもいろんな犬がいることを教えてくれます。ヴェーダ文献が語るところによれば、この雌犬サラマーの末裔である、四つ目でまだらの二頭の犬が、ヤマ神の統べる楽園の入り口で番犬の任を果たしています。名犬サラマーの血を引いているだけあって、信頼に足る犬たちなのでしょう。日本にも「忠犬ハチ公」がいます。また、現代英語で man's best friend「人にとっての最高の友」と言えば、犬を指します。

牛の強奪

パニ族が隠していた牛を解放するヴァラ神話は、当時のアーリヤ部族民が現実に行っていた牛の略奪行を神話の形で表現したものであると解釈できます。この略奪行は季節的に行われていたようです。序章で述べたように、牛は生活にとって非常に大事な資源です。牛が不足すると、他の部族から取ってくるのです。相手がくれなければ、力づくで奪いとります。

これは極めて正当な、いや彼らにとっては正当化する必要などない、当たり前の活動だったようです。このような活動は「**牛探し**」（ガヴィッシュティ）と呼ばれます。

太陽光の回復

ヴァラ神話が実生活を反映するものとしては他部族への襲撃と牛の強奪を表現したものである一方、宇宙の構造を語るものとしては日々あるいは年々の太陽光の獲得を伝えるものとなっています。この場合、洞穴に隠されていた牛たちは、明け方に昇る太陽の光である曙光を象徴するものとなります。右に挙げた『リグ・ヴェーダ』の詩歌の中で、洞穴の中にいる牛たちが「赤みを帯びたもの」とされるのはこのためです。早朝の曙光も赤みを帯びています。もう一つ、牛たちが夜明けに牧草へ出かけるということも、夜明けに輝き始める太陽の光との共通点であると言われます。

日々太陽は昇り、沈み、また昇ってきます。一年の単位で見ると、冬至から夏至にかけて太陽の光が降り注ぐ日照時間が最も長くなっていき、夏至から冬至にかけて最も短くなっていきます。冬至を過ぎると、次の夏至へむけてまた長くなっていきます。このように太陽は毎日あるいは毎年、循環しているのですが、そのような太陽の規則的な循環をインドラがもたらしてくれていることをヴァラ神話は語っていることになります。

明日も太陽は昇ってくるか

私たちは日々の経験から太陽が毎日のように東から昇り、西に沈み、明くる朝にも間違いなく東から昇ってくると考えています。しかしながら、よくよく考えれば、これは確証がないことです。論理的に必ずそうなるとは言えないからです。イギリス経験論を代表する哲学者ヒュームの思想を借りれば、これは単に、朝がくれば日が昇るという経験を繰り返すことによって私たちの頭の中に植え付けられた慣習的な観念にすぎないということになります。かのウィトゲンシュタインも次のように断言しました[16]。

太陽は明日も昇るだろうというのは一つの仮説である。すなわち、われわれは太陽が昇るかどうか、知っていいるわけではない。

(『論理哲学論考』六・三六三一一)

神学の観点から言えば、神が明日も太陽をいつも通り昇らせてくれる保証はないということです。近代哲学の創設者と言われるデカルトの「連続創造説」では、神は常に世界を創造し続けることになっています。大昔に世界を創造し終えたのではありません。今、まさにこの瞬間にも創造を行っているのです。私の肉体が一分後、いや一秒後にも存続するかどうかは、神の意志次第です。デカルトは次のように述べています[17]。

世界に何らかの物体が、あるいは何らかの叡智が、あるいはその他の、ことごとくは完全でない何らかの性質のごときものがあるとしたならば、それらの存在はただの一瞬も神なしには存続しえぬような仕方で神の力に依頼するものでなければならぬ、と私は判断した。
(『方法序説』第四部)

日照時間が最も長い夏至から、徐々にそれが短くなっていく冬至までの時期は、太陽の光がどんどん弱まっていく時期です。冬至を過ぎると、また少しずつ日が長くなり、太陽の光が回復されてきますが、しかし、今年もそうなってくれる保証は、日々の太陽の上昇と同様に、実はないのです。もしかすると冬至を過ぎて年が明けてもまだ日は短くなり続け、最後には太陽の光が完全に失われてしまうかもしれません。

そのような事態を防ぐため、太陽の光を取り戻す儀礼が行われていたのです。太陽の光がないと私たちは物理的にも精神的にも生きていくことができません。肉体の面は頑張れば何とかなるかもしれませんが、光がない世界では人の精神は崩壊しやすいのではないかと想像します。私の母親も日が長くなってくると元気が出てくると言っていました。漫画作品『北斗の拳』でも、暗闇を恐れて都全体を電気で明るく照らし続けようとする人物が登場します

〔18〕。私も小さい頃には夜に電気を消して寝るのが嫌で電気をつけたまま寝たりしていました。

少し話が逸れてきましたが、何が言いたいのかというと、光というのは人間にとって必要なものであり、祭式儀礼によって太陽の光を確保し、維持することは極めて大切なことだったということです。後の時代には太陽神を祀る寺院も建立されました【図4】。

太陽光に見立てられた雌牛たちをインドラらが解放することを歌う『リグ・ヴェーダ』の詩歌は、太陽光の復活をもたらそうとする儀礼の最中、詩人たちによって朗唱されていたものかもしれません。それを歌うことで、インドラに同じことを再び繰り返させるのです。太陽光を復活させるということで言えば、『リグ・ヴェーダ』には、ヴァルナ神の愛顧を受けた詩人ヴァシシュタが太陽を歌によって毎日昇らせる資格を得た、という内容の歌篇も伝わっています。『リグ・ヴェーダ』七・八八です〔19〕。

『リグ・ヴェーダ』が前提とする祭式儀礼の中心は、新年の始まりに太陽が再び輝き出すことを祝う新年祭にあるとする立場がありますが、私たち日本人も、元日の早朝、太陽が昇ってくる瞬間を見ようと外に出か

【図4】南東インドにある太陽寺院（天野恭子先生より提供）

けたり、それを高いところから見ようと山に登ったりします。このように「初日《はつひ》の出《で》」を祝う背後には、普段私たちは意識しませんが、消えかかっていた太陽の光が新年の始めに回復することを祝いたいという気持ちが働いているのかもしれません。

天の岩屋戸

冬至まで太陽の力がだんだんと衰えていき、冬至を過ぎると太陽の力が回復してくることを表現する神話として、我が国には「**天の岩屋戸**」の神話があります。ご存知の方も多いでしょう。

スサノヲのなした暴挙をうけて、太陽神アマテラスが天にある岩屋に籠もってしまいます。その結果、天上の世界である高天原《たかまのはら》も地上の世界である葦原《あしはら》の中《なか》つ国《くに》も闇に包まれます。常闇《とこやみ》の世となってしまったのです。これに困った神々は天《あめ》の安《やす》の河原に集まり、諸々の策を通じて最終的にアマテラスを岩屋から出すことに成功します。太陽が世界を再び照らし出します。

この岩屋戸神話は、太陽が再び輝き出すことを説明する神話であると同時に、往古に行われていた太陽復活の儀礼を伝えるものであるとも解釈されています。そのような儀礼は日本神話の分野では「日招《ひまね》き」の儀礼と言われます。これは「隠れた太陽を呼び戻し、その隠れた場所を舞踏などの芸能によって開かせる」ような祭礼とされます[20]。岩屋戸神話では、アマノウズメという神が岩屋の前で舞踏を舞います。

この岩屋戸神話と当該のヴァラ神話をミハエル・ヴィッツェルという先生が極めて詳細に比較しています[21]。ヴィッツェル先生は神話学者としても高名ですが、ヴェーダ語学とヴェーダ文献学が最も得意とする専門領域です。岩屋戸神話とヴァラ神話では似ているところがいろいろとあります。日本側でもインド側でも、太陽光が眠る洞窟は河のところにあります。日本の方では天の安の河原に、インドの方でラサー川の中洲に。

日本側でアマテラスを岩屋から引っ張り出す神としてアメノタヂカラヲ（天手力男）がいますが、読んで字のごとく、腕っぷしの強い神です。一方、インド側で太陽光たる牛たちを洞窟から出す役割を担うインドラにも、「力強くつかむ者」（トゥヴィッグラーバ）や「屈強なる腕をした者」（ウッグラバーフ）といった異名があります。

そして本書にとって最も関連するのは、日本側でもある種の「音」が岩屋を開くきっかけとなっていることです。アメノウズメが桶を踏み鳴らす音や彼女の舞踏を見て神々が立てた笑い声です。これらの音が聞こえてきたアマテラスは外が気になって岩屋の戸を開きます。『古事記』における該当部分の和訳を見てみましょう[22]。

……天《あめ》の岩屋《いわや》の戸の前に桶《おけ》を伏せて踏み鳴らし、神がかりして胸の乳を露出させ、裳《も》の紐《ひも》を女陰までおし垂らした。すると、高天原《たかまのはら》が鳴り響くほどに数多《あまた》の神々がどっと笑った。

そこで、天照大御神《あまてらすおおみかみ》は不思議に思い、天の岩屋《いわや》の戸を細めに開けて、その内で、「私がここにこもっているので、天《あめ》の世界は自然に暗く、また葦原中国《あしはらのなかつくに》もすべて暗いだろうと思うのに、どうして天宇受売《あまのうずめ》は歌舞をし、また数多《あまた》の神々は、みな笑っているのか」と仰せられた。

(『古事記』上巻第二部「アマテラスの受難」)

さらに重要なのは、このアメノウズメや神々が音を立てる前に、アメノコヤネという神が祝詞《のりと》を唱えている点です。原文には「天児屋命が尊い祝詞《のりと》を寿《ことほ》ぎ申し上げ」とあります〔23〕。パニ族の洞窟の前でインドラやアンギラス族も、牛の鳴き声を真似する場合を除いて、単に何らかの音を立てるのではなく意味をなす詩歌を歌っているはずです。したがって、このアメノコヤネによる祝詞は、アメノウズメや神々が立てる音よりも、より強くヴァラ神話と結びつく要素であると言えます。しかもこのアメノコヤネは、天皇家の宮廷祭祀を取り仕切る一族である中臣《なかとみ》氏の祖先とされる神です。アンギラス族が後の祭官詩人たちの祖である点と共通するところがあります【図5】。

ヴァラ神話を伝えたアーリヤ部族はインド・ヨーロッパ語族に属しますが、岩屋戸神話を伝えた古代日本人はインド・ヨーロッパ語族には属しません。なぜこれほど似た要素が両者の神話には見出されるのでしょうか。単なる偶然なのかもしれません。心理学者のユングならこのような類似は人類が共通して持つ普遍的な無意識の所産であると言うのかもしれません。ヴィッツェル先生がとる世界神話学の立場からは、ヴァラ神話と岩屋戸神話が類似しているのは、それらがローラシア型の神話を保存しているからということになります。簡単に言うと、両神話の原型となっている神話が同じなのです。

エリコの壁

何らかの音が対象を打ち砕くという話は、『旧約聖書』にも語られています。モーセの後継者であるヨシュアがエリコという町を攻略する物語で、『旧約聖書』の「ヨシュア記」第六章に記されています。ヨシュア率いるイスラエルの民を前にして、エリコの門は堅く閉ざされます。これを受け、神ヤハウェはヨシュアに次のような指示を出します[24]。

【図5】岩屋から姿を現す天照

「見よ、わたしはエリコとその王《おう》、勇士《ゆうし》たちをあなたの手《て》に渡《わた》す。戦士《せんし》たち全員《ぜんいん》が町をぐるりと行《ゆ》き巡《めぐ》るように。町を一巡《ひとめぐ》りし、六日の間、このように行なうのだ。さらに七人の祭司《さいし》が七本の雄羊《おひつじ》の角笛《つのぶえ》を携《たずさ》えて箱《はこ》の前を進《すす》み、そして、七日目にはあなたがたは町を七周しなさい。それから祭司たちは角笛を吹《ふ》き鳴《な》らすように。あなたがたは長々《ながなが》と吹き鳴らす雄羊の角笛の音《おと》を聞《き》いたなら、民《たみ》は皆大声《みなおおごえ》で鬨《とき》の声をあげよ。そうすれば町の城壁《じょうへき》は崩《くず》れ落《お》ちる。民は、それぞれ自分の前のところから突入《とつにゅう》しなさい。」
（『旧約聖書』「ヨシュア記」六・二〜五）

この神の指示通りにした結果、エリコの城壁はたしかに崩れ落ちます。そしてイスラエルの民は町に突入して町を征服します。その場面を見てみましょう[25]。

そこで民《たみ》は大声《おおごえ》をあげ、祭司《さいし》たちは角笛《つのぶえ》を吹《ふ》き鳴《な》らした。民は角笛の音を聞いて、大声で鬨《とき》の声《こえ》をあげたのである。すると城壁《じょうへき》が崩《くず》れ、民はそれぞれ自分《じぶん》の前《まえ》の所《ところ》から町に突入《とつにゅう》した。そして、彼らは町を攻《せ》め取《と》った。彼らは町にいるすべてのものを、男《おとこ》から女《おんな》、若者《わかもの》から老人《ろうじん》、また牛《うし》、羊《ひつじ》、ろばに至《いた》るまで、剣《つるぎ》の刃《やいば》にかけて聖絶した。
（『旧約聖書』「ヨシュア記」六・二〇〜二一）

こうしてイスラエルの民はエリコの町を落とします。序章で見たことばを高める装置という視点をここに導入するならば、七本の雄羊の角笛を携えた七人の祭司が契約の箱を担いで戦士たち全員と共に城壁の周りを何度もまわる行為は、七日目に角笛から発せられる音やそれに応じてあげられる鬨の声の効力を高めるための外的な枠組みを提供していると言えるでしょう【図6】。

このエリコの物語の中で一つ注目すべきことがあります。右に挙げた神ヤハウェからの指示の中にはないのですが、ヨシュアはイスラエルの民に向かって「私があなたがたに『鬨《とき》の声《こえ》をあげよ』と命じてあなたがたが鬨の声をあげる日まで、あなたがたは鬨の声をあげてはならない。声も出してはならない。一《ひと》言《こと》も口《くち》から発《はっ》してはならない」と命じています[26]。六日間、沈黙の戒を守り、七日目に城壁の周りを七周して角笛が吹き鳴らされたとき、民たちははじめて声を発するのです。これまでの間、民たちはことばを溜め込んでいたように見えます。このように沈黙の行を実践してことばを装填《そうてん》しておくと、いざことばを発したとき、大きな力が発揮されるのです。ことばがまるでエネルギーのように充電可能なものとして想定されています。ここにも、ことばを何か物質的なものと見る観念を窺えます。

【図6】アイスランドの写本に描かれたエリコの陥落

4 魔神アスラたちの失言

これまでは、ことばの力が敵対関係にある対象に効果を及ぼす物語を見てきました。ことばには力が宿っており、ことばが正しく発せられたとき、それは物体となって対象を破壊するのです。もし、そのようなことばを誤った形で使用してしまったら、一体どうなるでしょうか。誤って使用されたことばの矛先は相手ではなく発話者その人に向けられることになります。この意味で、ことばは諸刃の剣です。うまく使えば相手を切り裂く鋭い刃となりますが、それは間違って使うと自らの身を滅ぼしてしまう刃でもあるのです。

それゆえ、ことばの使用には細心の注意が必要であり、ことばの使用を専門とする司祭階級たる者、絶対にことばの使用法を誤ってはいけません。それは、祭式を台無しにしてしまうどころか、自らの身にも害をもたらすからです。このようなことを教えてくれる物語を次に見てみることにいたしましょう。

物語の概要

祭式の場に「ことば」がやって来きます。そのとき、神々は魔神たちからこの「ことば」

を取りあげ、儀礼を実践することにより「ことば」を自分たちのものにします。正しいことばを奪われてしまった魔神たちは、その場で正しくないことばを発してしまい、身を滅ぼしてしまいます。このように誤ったことば遣いは人の身を滅ぼすものであるから、聖職者たる婆羅門は決して誤ったことばを口にしてはならないという教えが示されます。最後に、ことばについてこのように知っているならば、その人は敵のことばを奪うことができ、ことばをとられた敵は滅び去ることになると言われます。

原典の和訳

原典訳を提示します【図7】。

神々は彼女（ことば）を魔神たちから遮断した。［神々は］彼女を自らのものとし、まさに祭火の中に囲い込んでから、全身が献供されるものとして献供した。なぜなら、［これは］神々の献供であるから。そうして［神々は］かの女を、アヌシュトゥブ韻律をもって献供した。まさにそれゆえに、当のもの（ことば）をそこ（祭場）で神々は

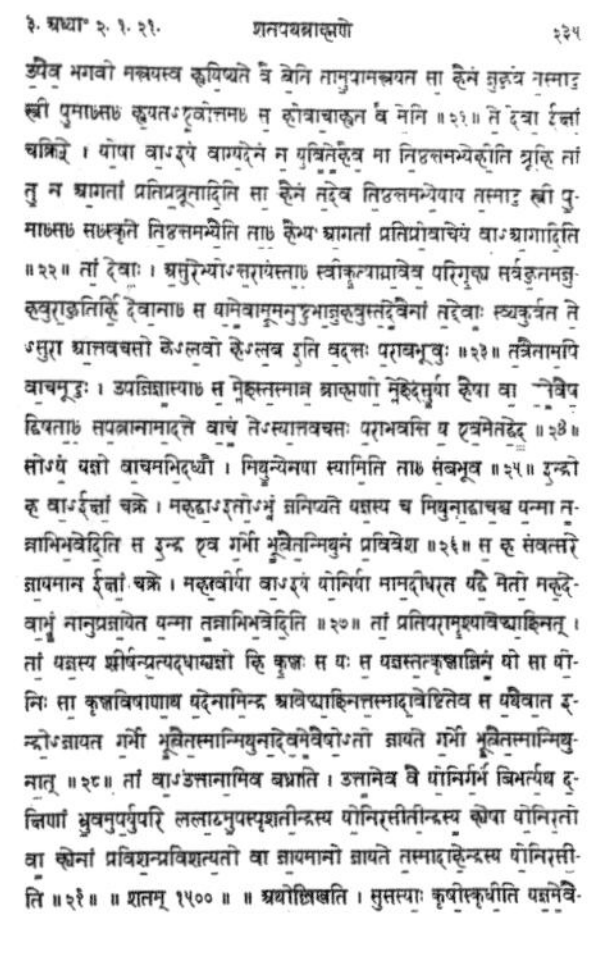

【図7】原典『シャタパタ梵書』の該当箇所（ウェーバー本）

自らのものとした。それで魔神らは［正しい］ことばを取られ、「なんと敵たちがいるぞ、なんと敵たちがいるぞ」（ヘーラヴォー、ヘーラヴァハ）と口にして滅び去った。その際に、当の不可解なことばをも彼らは口にした。それは俗語である。それゆえ、婆羅門は俗語を口にするべきではない。すなわち、こうしたことばは魔神らのものである。これ（ことば）についてこのように知る者は、まったく同様に、敵対する競争者たちのことばを取る。彼（祭主）によってことばを取られて、彼ら（競争者たち）は滅び去る。

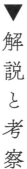

（『シャタパタ梵書』三・二・一・二三〜二四）

▼解説と考察

魔神たちの誤ったことば遣い

魔神たちがその身を滅ぼすことになった原因は、「なんと敵たちがいるぞ、なんと敵たちがいるぞ」（ヘーラヴォー、ヘーラヴァハ［he 'lávo he 'lávaḥ］）ということばを発したことにあります。「ヘーラヴォー、ヘーラヴァハ」（he 'lávo he 'lávaḥ）は「ヘーラヨー、ヘーラヤハ」（he 'ráyo he 'ráyaḥ）の俗語形（東方の方言形）と考えられています。これら俗語形と正規形を比べてみますと、r 音の代わりに l 音が、y 音の代わりに v 音が使われている点にことばの誤りがあることがわかります。あるいは、「アラヤハ」(aráyaḥ) のヴェーダ語における古い形は「アリヤハ」(aryáḥ) であることを考慮すれば、この「アリヤハ」を「アラヤハ」とし、さらにそのr音とy音をそれぞれl音とv音に変えてしまっているという点に誤りがあると言えるかもしれません。いずれにせよ、正規の形から崩れてしまっている俗語形を使用してしまったために、魔神たちは滅んでしまったのです。魔神たちが正しい形を使うことができなかったのは、神々によって正しいことばを奪われていたからです。

右に出した魔神たちの失言物語は、古代インドの文法家パタンジャリによって文法学学習の目的を説くのに利用されています。誤ったことばを使うと身を滅ぼすことになるため、司祭階級の婆羅門たるもの文法学をしっかりと身につけて正しいことばを使わなければならないということです。パタンジャリは魔神たちのことばとして he 'layo he 'layaḥ という形を出していて、これは右に見た形と少し違いますが、正規形のr音の代わりにl音が使われてしまっている点は共通します。このように地方語の特徴を含むことばを、パタンジャリは野蛮人の使う崩れたことばと見なします。

ことばを何らかの点で誤ると、それはことばの発話者を破滅させるものになるという考え方は、空の思想で名高い仏教哲学者の龍樹(二世紀)も説くところです。

悪しき仕方で理解された空性《くうしょう》は知恵の遅い者を破滅させる。

捕まえ方が悪い蛇や使い方が悪い呪文がそうであるように。
（『根本中論』二四・一一）

ここでは、空性が誤って理解されると逆にそれはその者に害を与えるものとなるということが、呪文が何らかの点で誤って発せられると逆にそれはその者に害を与えるものとなるということに例えられています。

ことばの戦棍／雷撃

当該の失言物語では、魔神たちが誤ったことばを発したために滅び去ったことが語られていますが、ことばが具体的にどのような効果を魔神たちに及ぼしたのかは明確にされていません。これは憶測に過ぎませんが、これまでに見てきた二つの物語においてことばが何かしら物質的なものととらえられ、物理的に対象を攻撃する役割を果たしていたことを考えれば、ここでもそのような事態を想定することは可能です。

ことばを正しく使わなかったとき、その刃はことばの使用者に向けられるのです。ことばが物理的に魔神たちを打ち砕いてしまったのではないでしょうか。このような理解の仕方を支持する証拠もなくはありません。右にも出した文法家パタンジャリによれば、祭式時に誤ったことばを使用することがないように婆羅門たちは文法学を学んでおかねばならないのですが、その主張の傍証として彼は次のような詩を掲げています。

> ことばは　アクセントまたは音素の点で欠陥を抱えたものとして
> 誤って使用されると　その［意図された］意味を伝えない。
> そのような［ことば］は　ことばの戦棍／雷電となって祭主を傷つける。
> インドラシャットゥルという語がアクセントの点で誤っていたため［祭主を傷つけたように］。
>
> （『大注釈』第一巻第二頁）

ここで言及されるインドラシャットゥルの物語については第3章で見ることになります。重要なのは、ことばがそのアクセントや音の点で誤ったものとして発声されると、それは物体的なものへと変化して対象を傷つけるものになることが述べられている点です。ことばを正しく使わなかったときに何が起こるかを教えてくれています。

右の「ヘーラヴォー、ヘーラヴァハ」という失言の例では、ことばは音の点で間違っていました。そのようなことばは「ことばの戦棍／雷電」、つまり「ことばという戦棍／雷電」となって使用者に襲いかかるのです。ここで「戦棍／雷電」と訳出している原語はヴァジュラ（vajra）で、インドラ専用の武器の名前です。この単語はもともとインドラが戦いに使用する棍棒、戦棍を意味したのですが、時代が下るにつれてインドラが振るう雷電へと意味が変化していきます。右記のパタンジャリの詩の中でそれがどちらを意味しているか判断がつかないため「戦棍／雷電」という訳し方をしています。

文法家が放つことばの雷電

ことばを物体であるかのように見なす「ことばの雷電」という表現は、古典期のサンスクリット文学にも見られます。そこでは、ある文法家がなす堅苦しいことば遣いが「ことばの雷電」と表現されています。面白い場面ですので紹介しておきましょう。

五世紀から六世紀前半頃に著された文学作品として『四バーナ劇集』と呼ばれるものがあります。この文学作品は四つの劇を集めた戯曲集で、藤山覚一郎・横地優子訳『遊女の足蹴――古典インド劇・チャトゥルバーニー』（春秋社、一九九四年）を通じて日本語ですべて読むことができます。書名にあるバーナ劇とは古典サンスクリット劇の種類の一つで、一人の粋人《すいじん》役によって演じられる、一人狂言のような形をとった劇のことです。

四つの劇のうちの第一劇「蓮華の贈り物」において、ダッタカラシいう名の文法家と粋人のやりとりがなされる場面があります。この文法家ダッタカラシのことば遣いが実に耳障りなものだったようです。ダッタカラシとあまりやりとりをしたくない粋人がその場を去ろうとしたとき、ダッタカラシがある台詞を放ち、粋人がそれに反応し、それに対してさらにダッタカラシが台詞を放ちます[27]。

> ま、どうかお好きなように。さあ、私は失礼しましょう。何です?
> 「どこへ御出立召さるるや? まあ、お待ちくだされ。何故に、かくあたふたされますや?」ですって。勘弁してください。そんな杖でぶったたくような、厳しい言葉の雷電で驚かさないでください。よろしいか、普通の言葉でお話しなさい。ラクダの口からごろごろ出てくる耳ざわりな音にも似た、毒を耳の中にたらしこむような、あなたがた文法家のうんざりする言葉の耽溺には、私ども辛抱しきれませんよ。何ですって?
> 「何匹ものいななき散らす牝牛にみまがう雄弁家とのやりとりに鍛えられた、多くの語根(鉱物)からなる百人殺しのような言葉のスタイルを捨てて、この私にご婦人がたの身体のような甘く柔かなしゃべり方が、いったいどのようにできましょうか?」
> ああ、なんと参りましたな。いやいや、まったくあなたは度しがたい。
> (『四バーナ劇集』第一劇「蓮華の贈り物」)

文法家ダッタカラシのことばは「言葉の雷電」のようであり、それは杖でぶっ叩かれたときのようにきついもののようです。文法家自身、自らのことばを「百人殺し」という古代インドの武器に例えています。いずれの描写も、ことばを物体的にとらえたものです。なお、ここで「雷電」と訳されている原語はヴァジュラではなくアシャニという単語です。この単語はヴァジュラとは違って「棍棒」などは意味せず、「雷電」をその本来的な意味とします。

さて、ダッタカラシのことばのどこがそんなにいけなかったのでしょうか。

「どこへ御出立召さるるや？　まあ、お待ちくだされ。何故に、かくあたふたされますや？」という彼の台詞の原文を見ると、難しい語形とṣ「シュ」という荒い音が繰り返されていることがわかります。聞き手にきつい印象を与える歯擦音については第1章で見ました。

そのようなṣ「シュ」音の連続を生み出す原因になっているのは、saṃcicariṣuḥ（サンチチャリシュフ）やdudrūṣuḥ（ドゥッドゥルーシュフ）という語形の使用です。これらはいずれも意欲活用語幹「〜しようと試みる、〜しようと欲する」からつくられた形容詞で、この種のものは高尚な文学作品の中ではときおり出てきますが、右のような日常会話の場面では滅多に用いられることのない語形だったのでしょう。

そのような難しい語形を連続して使っている点とそれによってṣ「シュ」という荒い音が発話の中に連続して出てきている点をとらえて、粋人は文法家ダッタカラシのことばを「言葉の雷電」と表現しているようです。ここでも歯擦音は激しい火性を備えた対象（雷電）と結びついています。また、偶然かもしれませんが、文法家の名前ダッタカラシ

(dattakalaṣi) にもṣ「シュ」という音が含まれています。そういうṣ「シュ」音を連発する奴という意味合いがこの名前には込められているのかもしれません。

この「蓮華の贈り物」の一場面と類似した文学的な装置はシェークスピアも用いています。彼の作品の一つ『恋の骨折り損』には、ホロファニーズという教師がやたらとラテン語の知識をひけらかす場面があります。ラテン語を直接的に用いたり、あるいはperemptory「独断的な」、thrasonical「ほら吹きの」、peregrinate「異国風な、外国かぶれの」といったラテン語からの借用語を用いたりします。

これらの単語は英語学や英文学の専門家でなければ、なかなか目にすることのない衒学的《げんがくてき》なものだと思います。私は、おそらく普通の人よりは日頃から英語に触れる機会の多い生活を送っていると思いますが、この『恋の骨折り損』の場面を読んだときに初めてこれらの単語を目にしました。「この『恋の骨折り損』の場面を読んだとき」と言いましたが、シェークスピアの『恋の骨折り損』を直に読んでいたわけではありません。このホロファニーズ教師のことば遣いについては、寺澤盾先生の『英語の歴史——過去から未来への物語』（中央公論新社、二〇〇八年）を読んでいるときに知ったものです（七九～八〇頁）。

俗語を使ってよい領域と使ってはいけない領域

物語の中では、ことばが祭式の場にやって来てからの神々と魔神らの行動が描かれていますので、神々と魔神はいずれも祭場におり、魔神たちの失言もその祭場においてなされたと考えてよいでしょう。少なくとも文法家パタンジャリはそう考えています。そのような聖なる祭式の場で失言を犯してしまったせいで、魔神たちは滅び去ったのです。同じくパタンジャリの考えによれば、聖化された祭式の世界とは異なる日常の世界では、誤ったことばである俗語を用いても咎《とが》はないようです。次のような物語を彼は紹介しています。

ヤルヴァーナ・タルヴァーナという名の聖仙たちがいた。彼らは真理を直観する者たちであり、優れたものとそうでないものを熟知する者たちであり、知るべきことを知っている者たちであり、[世界の]あるがままの有り様を証得している者たちであった。敬愛なる彼らは、ヤッドゥヴァーナス、タッドゥヴァーナハ(yad vā nas tad vā naḥ)と用いられるべきところを、ヤルヴァーナス、タルヴァーナハ(yar vā ṇas tar vā ṇaḥ)と用いた。しかし、祭式行為に際しては誤ったことばを使用しなかった。だが、かの魔神たちは祭式行為に際して誤ったことばを使用した。それゆえ、彼らは滅び去ってしまったのである。

(『大注釈』第一巻一一頁)

この伝説は、誤った言語使用により罪悪を負うことになるのは祭式の場においてであり、日常世界においてはその限りではないことを述べています。なぜ祭式の場では身を滅ぼすことになったり罪悪を負うことになるのに、日常生活の場ではそうならないのでしょうか。

ここでも序章で見た視点が有効です。つまり、祭式の場は儀礼のための諸々の準備がなされている場であり、そこで発せられることばは外的に高められることになるのです。そのようにして高められたことばは、正しく使えば良い結果をもたらしますが、誤って使うと使用者に害悪をもたらしてしまうのです。日常の平凡な生活場面ではことばは高められていませんから、間違ったことばを使ってもお咎めなしです。

私たちの生活を考えても、普段の生活の中で人はいろいろと言い間違いをするものです。一方、婚礼や葬礼の場面では、ことばが儀礼的な状況によって高められることになりますから、ことば遣いには極めて慎重にならなくてはなりません。婚礼や葬礼の挨拶の場面で言い間違いをした場合、聞き手にあまりよろしくない印象を与えることになり、結果として何かしら悪い事態を発話者は自らに招くことになるかもしれません。

正しいことば遣いと誤ったことば遣いによる功徳と罪過

後代の文法家バットージ・ディークシタ（一六世紀後半から一七世紀早期）によれば、崩れたことばの使用が破滅の原因であることを伝える問題の失言物語は、逆に正しいことばの使用は功徳の原因であることを知らしめるものです。インド文法家は功徳論というものを提唱していて、文法的に正しいことばを使用することによって言語使用者には功徳が蓄積され、幸が訪れるとされます。逆に文法的に誤ったことばを使用すると、罪過がたまり、不幸が訪れるのです。パタンジャリは次のような詩を引いています。

しかし［正しいことばの］特質に通じて
言語活動時に諸々のことばを適切に使用する者
ことば遣いを知るそのような者は　あの世で無限の勝利を得る。
一方　人は誤った諸々のことばを原因として汚れる。
（『大注釈』第一巻第二頁）

インド文法家の功徳論については私もいくつか論文を書いたことがありますので、興味のある方は読んでみてください。ネット上でダウンロード可能です［28］。

正しいことば遣いは成功への鍵

きっとこの者（ハヌーマト）は文法学を全体的に何度も学んでいるに違いない。多くのことをこの者は語ったが、誤ったことば遣いをまったくしていない。

（『ラーマーヤナ』四・三・二九）

これは、インド二大叙事詩の一つである『ラーマーヤナ』の一場面です[29]。武装した英雄ラーマと弟ラクシュマナを遠くから目にした猿王は、彼らを敵猿の手先かと疑い、猿ハヌーマトを使者として送り込んで両者の素性を探ることにします。ハヌーマトが両者のもとに現れ、彼らとサンスクリット語でことばを交わした後、その正しいことば遣いに感心したラーマが発したのがこの一言です。

こうして、ハヌーマトの正しいことば遣いはラーマたちの信頼を得る一要因となりました。もしハヌーマトのことばが洗練されておらず、文法的な誤りを含んでいたならば、この使者は教養なき者だと軽んぜられ、彼を送り出した猿王とラーマたちが同盟を結ぶこともなかったかもしれません。

このハヌーマトとラーマらのやりとりは、話者にとって文法的な知識がいかに重要であるかを示す好例です。正しいことば遣いと誤ったことば遣いがそれぞれ良い結果と悪い結果をもたらし得ることは、場面に応じてことばを使い分ける必要がある、現代の私たちの生活にもあてはまります【図8】。

私は論文の審査や成績評価のために、研究者が書いた論考や学生が書いたレポートを読む機会が多いですが、英語だろうが日本語だろうが、中身をどうこう言う前に文法がおかしかったら読む気を失くしてしまいます。まずもって文法性が作品の要であるというのは、古典サンスクリット詩を論じた中世インドの詩論家たちが持っていた考えでもあります。

一〇世紀頃に活躍したラトナシュリージュニャーナという学者は、一つ面白いことを言っています。

みなさんは汚い土地に咲いた花を美しいと思うでしょうか。美しいと思う人もいるかもしれません。しかし、花がもっと綺麗な土地に咲いていたら、その花はもっと美しく見えるかもしれません。

ここでいう「汚い土地」は文法的な欠陥がある文章、「綺麗な土地」は文法的に正しい文章、「花」はそのような文章に施された詩的な技巧を指しています。

ラトナシュリージュニャーナが言いたいのは、詩的な装飾（花）というのは文法的に整備された文章（綺麗な土地）の中に組み込まれてこそ人に

【図8】ラーマ王子に謁見する猿ハヌーマト

味わいを与えるものになるのであって、文法的に乱れた文章（汚い土地）の中に組み込まれたとしてもそのような味わいをもたらすことはないということです[30]。

現代でも、凝った言い回しを駆使してどんなに文章を飾り立てようとも、その文章自体のあちこちに文法的な欠陥があれば、やはり読み手によい印象は与えられないと思います。文章が光彩を放つためには、その土台である文法性を確保することが何にもまして重要なのです。

ことばを取られてしまうことの意味

正しいことばを取られてしまっては祭式ができないので、神々を味方につけることも神々を動かして生活を維持することもできず、部族は滅ぶことになります。

いくら正しいことば以外のことばで祭式をしようとしても、正しい文法のもとで彫琢された詩歌によって神々は満足するのであって、文法的に欠陥を備えたことばを捧げても満足してくれるはずがありません。また、そのような正しくないことばを発声すると、そのことばは神を満足させないばかりか発話者にも襲いかかってきます。

このように、正しくないことばで祭式を挙行しようとしても、やはり滅びの運命だけ待ち構えています。序章でも見たように、ことばが生活の生命線なのです。

第3章

運命を引きよせる名前

ヴェーダ神話集その三——

1 導入

本章では、ことばはことばでも人などに付けられた名前というものに焦点をあて、名前が持つ力について考えていきたいと思います。名前の思想については序章では扱わなかったため、この第3章の導入部を使って詳しく述べてみます。そのため、第1章と第2章にて設けた導入部よりもこの第3章の導入部は長くなっています。

名づけについて

名づけはことばを使う人間だけが行うものです。

人間にも神にも動物にも人は名づけを行います。そのようにして個々の対象に付けられた名前は**固有名**と言われます。固有名の意味とは何かというのは、哲学史上、大きな問題となってきましたが、本書では人などに付けられた固有名を哲学的に論じたりするつもりはありません。言語哲学や分析哲学の入門書類を紐解けば、ミル、フレーゲ、ラッセル、クリプキといった歴戦の哲学者たちの固有名に対する思索を知ることができるでしょう。そのような書物でまず触れられることのない古典インドの固有名論の概要については、『岩波 哲学・

思想辞典』の中で見ることができます〔一〕。

インド哲学では、対象に付された固有名は「偶然的な語、恣意的な語」と呼ばれます。名前は命名者がそれぞれの意図に従って自由につけるものだからです。

文法家のナーゲーシャ（一七世紀末から一八世紀前半）という人は、人の名前は命名者の願望を表すものだとしています。生まれた子どもに名前を付けるときには、子どもにはこんな人になってほしいという願いのもと、そのような性格を表わすことができる名前が選ばれるのが普通です。

古代インドには命名儀礼というものがあったのですが、前章でも出した『マヌ法典』の規定によりますと（二・三〇）、誕生から一〇日後あるいは一二日後に子どもに名前を付けるようです。今の日本では生まれた子どもに名を付けるとき儀礼的な行事を執り行うことは稀だと思いますし、赤ん坊の名前を披露する命名式もやっている人は少ないのではないでしょうか。

また、キリスト教の信者となるための儀式である洗礼において人が洗礼名をもらうように、誕生して名前を付けられた後であっても、さらに新たな名前をもらうこともあります【図一】。あるいは、何か特徴ある事績を成し遂げたことで、その行為に見合った名前を新たに得ることもあるでしょう。たとえば、龍を殺した英雄が「龍殺

【図1】洗礼者ヨハネによる名づけ

し」という称号を得たりする場合です。新たに得られた自身の性質を規定するものとして、新たな名前を得るのです。

これらは固有名詞としての名前の話ですが、それとは別にそれぞれの対象に「犬」などといった普通名詞としての名前を付けたのはそもそも誰なのかという話も神話には出てきます。『旧約聖書』の「創世記」では、神は人間がそれぞれの対象にどのような名前を付けるかを見ていたとされていて、人間がそれらに命名行為を行っています。『リグ・ヴェーダ』一〇・七一・一では、ことばの始まりは詩人たちが対象に名前を付けたことにあるとされ、そのような名前は詩神ブリハスパティが詩人たちに明かしたものとされています。

なぜ名を付けるのか

そもそもなぜ人は生まれてきた赤ん坊に名前を付けるのでしょうか。もちろん一つには、その人を特定する名前がなければ社会生活を送るのに不便であるという理由があるでしょう。私自身、これまでの人生を思い出しても名前が必要な場面はいくらでもありましたし、これからもあるでしょう。

これに加えて、新生児は名前を与えられるまで自己の本体が確固として定まっていない、あるいは自己の本体がむき出しにされており、非常に危うい状態にあるという観念があります。現代の日本でこのようなことを意識する親御さんは多くないと思いますが、赤ん坊に名前を付けることで、赤ん坊を狙う魔の存在から赤ん坊を守ることができるのです。名前を付けてあげないと防御力が弱かったり本体を隠す隠れ蓑がなかったりして、魔が簡単に寄りついてくるからです。

「名《な》も無《な》きものに力無《ちからな》し」とは『BLEACH』（ブリーチ）に登場する兵主部《ひょうすべ》一兵衛《いちべえ》の台詞です。私が子を授かった際も、誕生後なかなか名前が決まらず、その間、その子の存在が何か確立されきれていない感を否めませんでした（早く名前を決めないと魔物が襲ってくる、とまでは思いませんでしたが）。願いを込めた名前が決まって初めて、その子の存在が確固として確立されたような気がしたものです。

自己の本体を確立するものとしての名前は、人を完成させる核なのです。宮崎駿監督の映画『千と千尋の神隠し』で表現されているように、そのような名を奪われれば、自身の存在は消えてしまいかねません。主人公の千尋はハクのおかげで自分の名前を思い出すことができたので、自らの存在を失わずに済みました。

文化によっては、あえて汚らしい名前や不吉な名前を赤ん坊に付けることで、悪しき存在が寄りつかないようにすることもあります。一方、日本ではそういう名前を付けることは暗黙の了解のうちに避けられる傾向にあります。一九九〇年代に、親側が生まれた子に「悪魔」という名を付けようとした事案が発生し、裁判にまで発展しました。「悪」も「魔」も常用漢字に含まれていることから、「悪魔」と命名することは法律的には問題ないはずですが、子どもの名前としてふさわしくないと日本の人々は判断したのです。

名のあり方

『マヌ法典』には男性と女性の名前のあり方が述べられています。該当箇所の和訳を提示してみましょう。和訳中に出てくるブラーフマナ、クシャトリヤ、ヴァイシャ、シュードラはそれぞれ祭事をなす司祭階級の人々、統治や守護または戦闘をなす王族・戦士階級の人々、産業や商売をなす生産階級の人々、これら三つの階級の人々に奉仕する隷属階級の人々を指しています[2]。

〔名前の前半部に関して〕ブラーフマナの場合は吉祥、クシャトリヤの場合は力、ヴァイシャの場合は富、そしてシュードラの場合は嫌悪と結びつく〔語が選ばれるべし〕。

〔名前の後半部に関しては〕ブラーフマナの場合は幸福、王(クシャトリヤ)の場合は守護、ヴァイシャの場合は繁栄、そしてシュードラの場合は奉仕と結びつく〔語が選ばれるべし〕。

女子の場合は、発音しやすく、耳障りでなく、意味が分かりやすく、魅力的で、吉祥で、長母音で終わり、祝福を表わす語を含む（名前が付けられるべし）。
（『マヌ法典』二・三二〜三三）

日本語の名前から例を考えてみますと、司祭階級に付けられるべき「幸福」を示す名前としては、たとえば「幸男《ゆきお》」という名前があります。生産階級の「富」や「繁栄」を表す名前としては、同じく「男」を付けた「富男《とみお》」や「繁男《しげお》」という名前があります。

漫画『BLEACH』（ブリーチ）の主人公の名前は「一護《いちご》」ですが、誰かを「護る」という意味が込められています。このように「守護」を表す単語は右の規定では王族・戦士階級に相応しいものです。一護はまさに戦士として作中で多くの戦いを経験しています。

「女子の場合は云々」という規定があることから、男性の名前と女性の名前に違いが設けられていることがわかります。日本でも男性に通常付けられる名前と女性に通常付けられる名前は違っています。「和希《かずき》」などは男性にも女性にも付けられる名前でしょう。しかしこの「和希」の「希」を変えて「和樹」とすれば、普通は男性に付けられるような名前である印象があります（和樹という名の女性の方もいらっしゃるかもしれませんが、何ら他意はありません。名前というものの面白さを伝えようとしているだけであります）。一方、「樹」が「葉」となれば、漫画『名探偵コナン』に登場する女子高生、和葉《かずは》の名前となります。

仏教説話集である『百縁物語』には、男性と女性の名前について興味深い観念を教えてくれる場面があります。

隊商の主であるミトラは大富豪だったのですが、息子にも娘にも恵まれませんでした。息子は生まれてはいたのですが、皆死んでしまったのです。そこで、ある友達がミトラに助言します。それによると、生まれた男児に女児の名前を付けるとその男児は死なずに長生きするというのです。原典には次のようにあります。

> もしあなたに息子というものが生まれたら、その［息子］に女子の名前を付けなさい。そうすれば、彼は長生きするでしょう。
>
> （『百縁物語』第三六話「マイトラカンヤカ」）

女性の方が平均的に寿命が長いことから、赤ん坊に女児の名前を付けることで女性の性質を付与し、子どもを長生きさせるということなのでしょうか。飛鳥時代の官人である小野《おのの》妹《いも》子《こ》も、男性なのに女性の愛称が名前に付けられています。

名は体を表す

右に挙げた『マヌ法典』の規定は、男性については、名前をその意味の点から規定したものです。なぜこのような規定が必要だったのでしょうか。

その理由の一つとして、**名前の持ち主の性格や運命は名前が表す意味通りになる**という思想があるためと思われます。名前は名づけ親の願望と関係する意味を持っており、そして実際にその意味通りの性格へと人をつくり上げていくことがあります。名はその人の本質を規定するものとなるのです。生まれた後に名前を授かってから、私たちはその名前を使って生きていくことになります。人から名前を呼ばれる機会も、自分で名前を述べたり書いたりする機会もごまんとあります。そうこうしているうち、知らず知らずの間に、その名前が表す意味に人は影響を受けて、その意味を体現するような人間へと成長していくのかもしれません。

人の名前がその人の本質を表現していることを日本語で「名は体を表す」と言いますが、古典サンスクリット文学にもこの「名は体を表す」という観念を看取できる場面があります。ハルシャ王（七世紀前半）の戯曲『宝玉の連なり』第二幕第三詩では、畜舎から逃げ出して王宮の中に入り込んできた猿に対し、その王宮に身を寄せていた山の民であるキラータ族が慌てふためく様子が描かれています。原文には「〔後宮の〕周りに身を寄せていた山民族

（キラータ）らは、自らの名前通りのことをした」とあります。キラータ族を指すサンスクリット語はkirātaですが、伝統的な学者や辞書はこのキラータという単語の語源的な意味を「最果ての地に赴く者」としています。物語によると、鋭い歯や爪で猿に攻撃されることを恐れて、キラータ族はその名前の通りに遠方へと逃げ去ったということのようです。

名が名の持ち主を呼び出す

右に述べたように、名前（固有名）はそれが指し示す対象のあり方を形づくっているものです。そのようなものとして、名はその対象と切っても切れない関係にあります。そこから、名前はその人そのものであるという観念が出てきます。第1章で見たように「言」と「事」を同じと考える発想です。

とするならば、相手の名前を呼ぶという行為は、その名前の持ち主をその場に呼び出す行為に他なりません。この行為は良い結果も悪い結果も招きえます。漫画『BLEACH』（ブリーチ）において、死神界の頭目的な存在である兵主部一兵衛は敵軍の大将ユーハバッハとの戦いに敗れて体をばらばらにされてしまいますが、主人公である黒崎一護がその名前「兵主部一兵衛」を大きな声で叫ぶと、復活します[3]。名前を呼んでもらうことで、名前と一体である自らの体をその場に再生させたと解釈できるでしょうか。

これは名を呼ぶという行為が良い結果をもたらす例ですが、同時にそれはいつ悪い結果をもたらすかわかったものではありません。不吉な存在や危険な存在の名をうっかり口に出してしまうと、本当にその存在が目の前に現れてしまうかもしれないのです。そのような事態を防ぐ手段の一つとして、その存在を別の名前によって指示するという方法を人々はとってきました。

たとえば現代英語の bear「熊」や現代ドイツ語の Bär「熊」のもともとの意味は「褐色の者」なのですが、この「褐色の者」は、熊という危険な生物と出会うことを避けるため、「熊」という名前を直接には使わずに遠回しな言い方で熊を指し示すためのものです。東北地方の山間部に住む狩猟民マタギの間でも、熊は「熊」ではなく「クロゲ（黒い毛）」と言われるそうで、ここにも「熊」と言ってしまうと熊が現れてしまうという観念を見てとれます。

小説『ハリー・ポッターと賢者の石』において、ハグリッドがハリーの両親を殺めたヴォルデモートについて語る場面で、ハグリッドはそのヴォルデモートの名を口にするのをとまどっています。ここにもまた、名を口にするとその人物がその場に現れるかもしれないという観念が潜んでいます。当該の場面を見てみましょう［4］。

「事《こと》の起こりは、ある人からだと言える。名前は……こりゃいかん。おまえはその名を知らん。我々の世界じゃみんな知っとるのに……」

「誰なの？」

「さて……できれば名前を口にしたくないもんだ。誰もがそうなんじゃが」

「どうしてなの？」

「どうもこうも、ハリーや。みんな、いまだに恐れとるんだよ。いやはや、こりゃ困った。いいかな、ある魔法使いがおってな、悪の道に走ってしまったわけだ……悪も悪、とことん悪、悪よりも悪とな。その名は……」ハグリッドは一瞬《いっしゅん》息を詰《つ》めた、が、言葉にならなかった。

「名前を書いてみたら？」ハリーが促《うなが》した。

「うんにゃ、名前の綴《つづ》りがわからん。言うぞ、それっ！**ヴォルデモート**」

ハグリッドは身震《みぶる》いした。

「二度と口にさせんでくれ。……」


この会話の後、ヴォルデモートという名を直接述べることは避けられ、代わりに「やつ」「あやつ」「あの人」「例のあの人」などのことばがヴォルデモートを指して使われています。これは、忌みことばを回避するためにとられる手段の一つであり、「**代名詞化**」と呼ばれるものです。

新たな名が新たな姿を与える

もし名前と実体が同じであるならば、名前が変われば実体のあり方も変わるはずです。新たな名前を得ることで、新たな性格を得て、新たな生を得るのです。イギリスの哲学者ディヴィット・ヒュームは、ある女性の子供の父ではないかという嫌疑をかけられて、同じ年に姓をHomeからHumeに変えました。この改名によって自らのあり方を変えようとしたのかもしれません。先ほどの兵主部一兵衛は、自らが持つ筆で相手の体に文字を書き記し、その書き記したことばの意味によって規定される存在へと相手をつくり変えることができるのですが、敵軍のユーハバッハの体には「黒蟻《くろあり》」と書き込んで、その力を蟻同然のものへつくり変えました[5]。

『リグ・ヴェーダ』一〇・五四・四ではインドラが四つの名を持って偉業をなしたことが語られ、同じく『リグ・ヴェーダ』一〇・五五・二ではインドラが隠された名をもって過去の偉業をなし、そして未来の偉業をなすであろうことが語られています。ある名を帯びることで、その名の内容に即した性質を帯びることができるのです。そのような性質に特徴づけられた者として、インドラはそれぞれの偉業を成し遂げるということでしょう。「ヴリトラの殺戮者」をはじめとして、インドラにはさまざまな異名があります。

エジプトには、神の名を名乗ることで自らが神となろうとする話があります。水上の怪物が船にいる者を襲おうとしているとき、その者は次のように言います〔6〕。

「おお地上にひろがる水の卵、聖なる猿の精髄、上なる天と下なる地の偉大なる御方、河中の安息所に住み給う偉大なる御方、われは御身と共に水中より出で来たれり。われは御身の安息所に御身と共にいたり。われはコプトスのアムスウ、ケブウの領主アムスウなり」

このことばを告げられると、怪物は彼が神アムスウに見え、恐れをなして逃げていくのです。右のことばを唱えるとき、この発話者は固い卵を手に持ち、船室の前に立ってことばを唱えるのですが、これらは自身のことばを外から高めるための装置として機能していると言えます。序章で見た外的な枠組みづけです。

名を使う儀式

今のは神の名を名乗ることで自らが神となる例ですが、これよりもさらに物理的な方法で神になる方法もあります。それは、ある葉の上に神の秘密の名を書き記し、それを食することで神になろうとするものです。神の名を体内に取り込むことで、神そのものを取り込む「**神喰い**」の儀礼です。

漫画作品『進撃の巨人』では、原初の巨人ユミルが命を失ったとき、巨人の所有者であった王はその巨人の全身を三人の娘に食べさせて巨人の力の継承をはかります[7]。『グリム童話』に収録されている「白雪姫」においては、美に固執する妃が白雪姫の美貌を手に入れようとして白雪姫の肺と肝臓を塩ゆでにして食べようとします[8]。しかし相手が神の場合、神の性質を取り込むために神の肉体をじかに食べることはできないので、代わりに神そのものである神の名前を食べるのです。

名はこのように自らを利するための儀式だけではなく、相手を害するための儀式にも使われます。たとえば、序章において、藁人形を使った呪術の話をしました。人の形を模した藁人形（類感呪術）に相手の衣服の一部をつけて（感染呪術）釘を打ち込めば、二つの呪術の複合型になって威力は二倍になるだろうという話です。

ここで、たとえばこの衣服に相手の名前を書き込み、その上から釘を打ち込んだとするならば、呪術の効果は三倍になりそうです。自分自身に他ならない自らの名前を知られると、呪術師がその名を使ってどんなことをするかわかりません。それゆえ、とりわけ首長や王の名は大事に守らなければなりませんでした。相手に対して類感呪術や感染呪術をかけるための道具がなくても、名前さえ知っていれば呪術師は敵を攻撃できるのです。

名を変えることで本体を隠す

名前を変えることで自分の本体を隠す場合もあります。『リグ・ヴェーダ』一・一六一では、リブという技術神たちが名前を変えることで難を逃れたことが語られています。技術神であるリブたちがソーマを入れる一つの盃《さかずき》を四つにします（一・一六一・二、四）。それに怒った造形神トヴァシュトリはリブたちを殺そうとするのですが、リブたちは名前を変えて自らの存在を気づかれないようにします（一・一六一・五）。

現代でも、何かしらの罪を犯して逃亡している人物は偽名を使って逃げているのが普通です。その第一の目的は本名が知られて居場所がばれることを防ぐことにあると思いますが、右に述べたような「名前を変えれば本体を隠せる」という観念も無意識下にあるのかもしれません。

相手の真の名を知ることで相手を支配する

人から命令されるとき、たとえば「〜しなさい」と言われるより、「悠人、〜しなさい」と名前と一緒に言われるほうがより力強く、高圧的に、抗うことができない心象を植えつけます。相手が自分の名（自分そのもの）を知っている（手中に収めている）ことから、支配権は相手にあるという感覚がそのような印象を生み出すのかもしれません。名前と実体が同じであったり、名前が人の本体を形づくるものであるならば、相手の名前を知ることは相手を自らの手中に収めることと同じです。

それゆえ、ある場合に人は相手の名前を知ろうとし、ある場合には相手に知られまいと名前を隠そうとします。このような観念を看取できる話は世界的な広がりを持ちます。左記では異なる時代と地域から取った例をいくつか見ていきたいと思います。古代インドの例は、ヴェーダ神話の紹介と解説の中で取りあげますので、ここには出していません。

古代エジプトから

名前と対象は一体であり、名前はその対象そのものですから、名を知ればその対象を、そしてその対象の力をも取り込むことができます。誰にも明かされていない秘密の名前は、まさに対象の本体そのものなので、そのような秘密の名を知れば、対象の最も強力な部分を手にすることができます。この考えは、太陽神ラーの力を手に入れようとした女神イシスの物語によく現れています【図2】。紀元前一二世紀頃のパピルス文書に記された内容を紹介しましょう［9］。

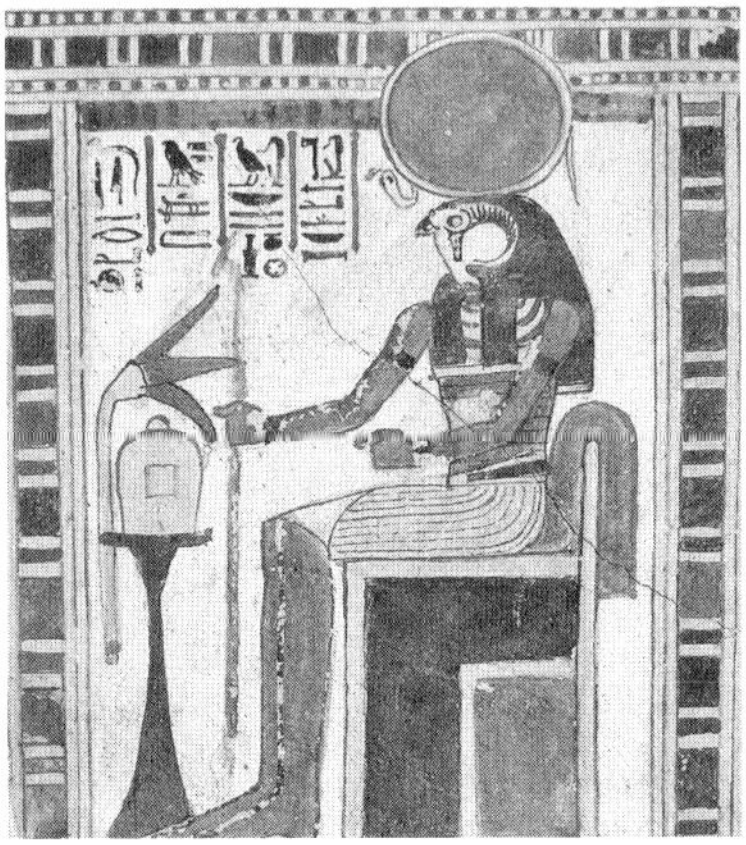

【図2】王座につく太陽神ラー

イシスはどの神々よりも賢く，多くの知恵をもち，万物を知り尽くしていたが，太陽神ラーの「秘密の名前」だけは例外で，それをぜひとも知りたいと願っていた．「名前」はそれが表すものの本質を示すとされ，「名前」を知れば，その所有者の力を利用できると信じられていたため，どの神々も自らの力をたやすく利用されないように数多くの称号や名前を持っていた．祈りや呪文で神に呼びかけるには，神の名前と称号をできるだけ数多く列挙する必要があり，そうすれば神は，唱えられた名前や称号のどれかに反応するのである．しかし，神の真の力はその「秘密の名前」にこそ秘められているとされていた．イシスは太陽神ラーの「秘密の名前」を知ることで，「世界」を創造したラーの持つ強大な呪力をすべて手に入れようと考えたのである．

さて太陽神ラーは，当時はまだ空に上っておらず，お供の神々を連れて国土をめぐるのを日課にしていたが，すでに年老いており，歩きながら涎を垂らすことがあった．太陽神の涎には，この神の呪力が宿っていたので，イシスは，この涎と泥をこねあわせて毒蛇を作り，呪力によって生命を与え，ラーがいつも通る道筋に隠しておいた．やがて通りかかったラーはこの蛇に噛まれて叫び声を上げる．すぐに神々が駆けつけるが，ラーは体内に毒が回ったため痙攣を起こし，口をきくことができない．やがて気を取り直したラーは，自分の知らない何者かに噛まれたと訴え，毒が体内に回っていることを告げて，呪力や知恵の優れた神を，治療のため呼ぶように命じる．
そこでイシスが何食わぬ顔で進み出て，治療を申し出る．イシスは，治療する相手の名を呪文とともに唱えなければならないから，名前を教えるようにとラーに告げ，そこでラーは自分の様々な名前や称号をイシスに告げるが，効き目はない．イシスはラーがまだ口にしていない名前，「秘密の名前」を教えるように要求し，遂に折れたラーはそれをイシスに耳打ちする．こうして「秘密の名前」を知ったイシスは太陽神ラーと同じ呪力を使えるようになり，呪文を唱えて蛇の毒を取り除き，ラーを救ったのである．

これに加えて、古代エジプトには、すべての存在物は秘密の真の名を持ち、それを知る者はその存在物を意のままにできるという思想がありました。死者が死後にしかるべき過程を経て楽園に至ることができるよう用意された「死者の書」には、死者が川を舟で渡る際に舟の各部位からそれらの名を尋ねられたとき、各部位に対してそれぞれ正しい名を答えるための文句が記されている場合があります[10]。ここにも、相手の真の名を知ればそれを操る権利を得るという考えが反映されています【図3】。

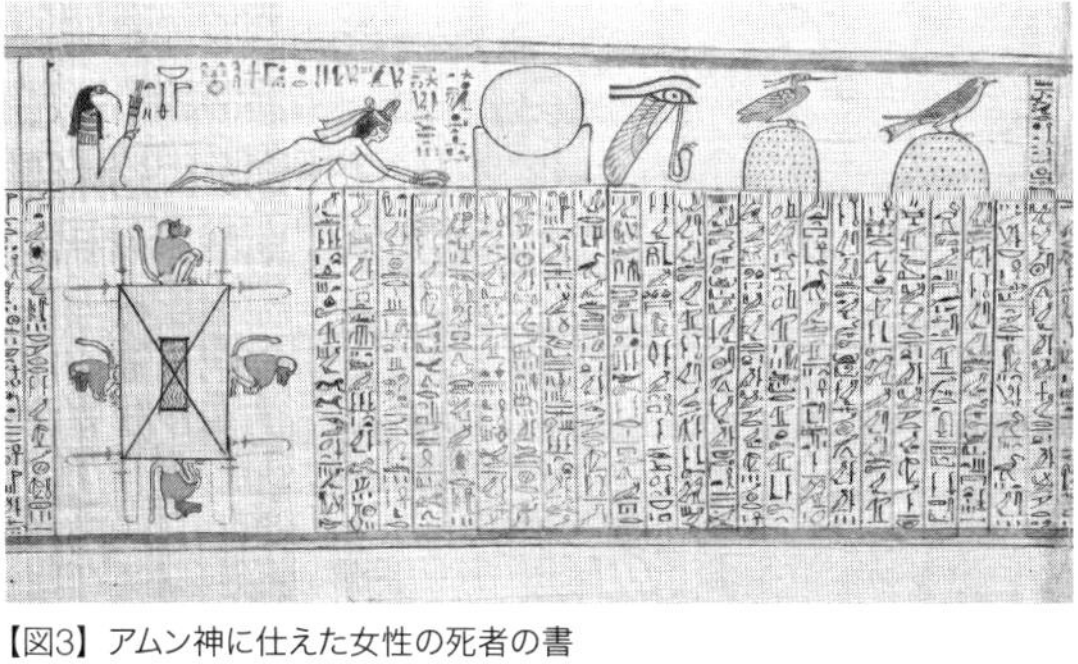

【図3】アムン神に仕えた女性の死者の書

北欧神話から

中世北欧の歌謡集『古エッダ』の中にも、相手の名前を知ることは相手を支配することにつながるという観念を見てとれる描写があります。トールと渡守《わたしもり》が瀬戸を挟んで口論する様を描いた「ハールバルズの歌」には次のようにあります。場面は、トールが船で瀬戸を渡ろうとして渡守に頼むところです[11]【図4】。

渡守「……そのお方から、盗賊や馬泥棒は渡すな、正直者だけ渡せといいつかっているのだ。正直者かどうかは見ればわかる。この瀬戸を渡りたかったら、名を名乗ってくれ」
トール「……ここでお前と話しているのはトールなのだ。ではお前は何という名かたずねたい」
渡守「ハールバルズという者だ。名は隠すまい」
トール「争いの種がなければ名を隠す必要などないではないか」
（『古エッダ』「ハールバルズの歌」第九詩〜第一二詩）

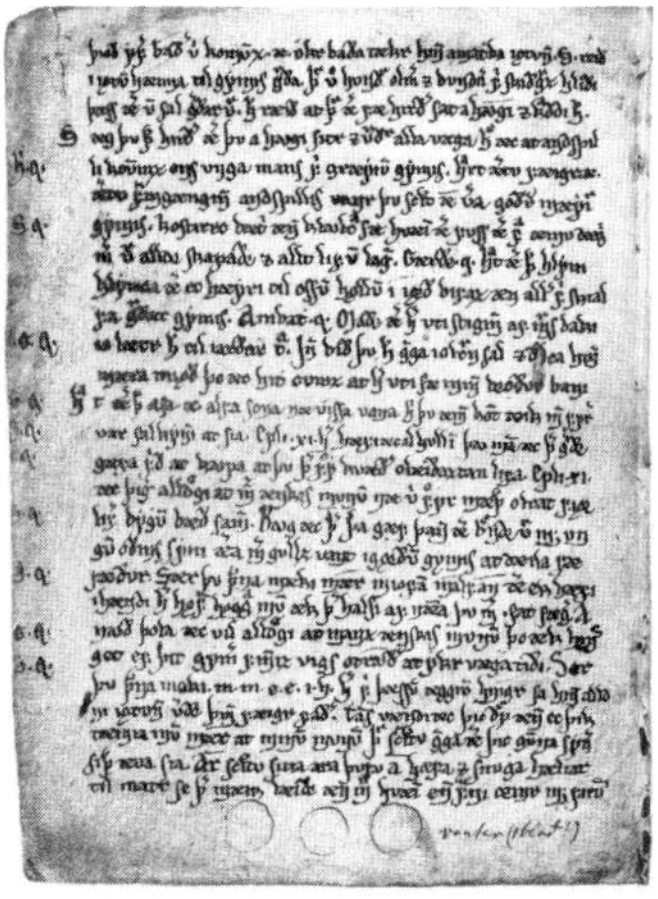

【図4】『古エッダ』写本の一部

ここでのトールの台詞「争いの種がなければ名を隠す必要などないではないか」は、争いが起きそうな場合には名を隠す必要があることを示唆しています。なぜ名を隠す必要があるかと言えば、相手に名前を知られれば相手に自らの支配権を与えることになるからでしょう。

『グリム童話』から

『グリム童話』の中には、「ルンペルシュティルツヒェン」という題目の物語があります。主人公のとある娘が、小人に助けてもらったお礼として、生まれてくる子どもをその小人にあげなくてはならなくなりました。娘が子どもを連れていかないよう懇願したところ、小人は、自分の本当の名がわかれば子どもをとることはしないという旨の発言をします。最終的に、娘は小人の名である「ルンペルシュティルツヒェン」を言い当て、小人を退散させます[12]。主人公である娘は小人の真の名を知り、小人を支配下に収めたので、もはや小人の要求を聞く必要はなくなったのだと解釈することができます。

日本文学から

我が国の文学からは、『古事記』に伝わるスサノヲの物語と『万葉集』に集録された一つの歌を取りあげてみましょう。まず、『古事記』で語られるスサノヲによるヲロチ退治の神話の中に次のような場面があります。
　高天原を追放されたスサノヲが出雲の国に降り立ったとき、泣き悲しむ老夫婦と一人の娘クシナダヒメに出会います。老夫婦に事情を尋ねると、八人いた娘が毎年やって来るヤマタノヲロチに食われ、今年もその時期が訪れたので嘆いているのだと言います。スサノヲがオロチを倒す代わりにクシナダヒメを自身に献上するかどうかを老父アシナヅチに尋ねた際、スサノヲは老父に名を聞かれました。しかしスサノヲはアマテラスの同母弟であると言うだけで自分の名を明かすことはしません。スサノヲは名前をつげて自らの支配権を手渡すことを避けたのかもしれません【図5】。
　次に、『万葉集』を見てみましょう。本歌集には次のような歌が集録されています。

たらちねの　母が呼ぶ名を　申《まを》さめど　路《みち》行く人を　誰と知りてか
(『万葉集』巻第一二　三一〇二番)

この歌は、若者に名を尋ねられた女性が詠んだものであり、その意

【図5】ヤマタノヲロチを討つスサノヲ

味は「（たらちねの）母が呼ぶ（私の）名前を申し上げてもよいのですが、通りすがりの人を誰だとも知りませんので（申し上げられません）。」です[13]。つまり、母親が自分を呼ぶ本名をどこの誰かもわからない男に教えることを断った歌です。古代日本において、名前は他人にみだりに教えてよいものではなかったのです。名を教えてしまうことで自らが支配される危険性を伝える古歌の一つと思われます。

現代日本から

相手の名を知ることは相手を支配することであるという観念は、現代の漫画や映画のあちこちにも見られます。たとえば『千と千尋の神隠し』では、主人公の千尋は湯婆婆《ゆばーば》に名前をとられてその支配下におかれます。千尋は湯婆婆に提出する契約書に自ら氏名を書き込むのですが、そのとき氏名を書き間違えたため、本当の名をとられることなく最終的に湯婆婆の支配から逃れることができたという解釈があるようです。映画の場面を確認してみたくなります。

本書で何度も言及している漫画作品『BLEACH』（ブリーチ）では、死神たちは斬魄刀《ざんぱくとう》と呼ばれる刀を一人ひとりが持っているのですが、この斬魄刀の力を解放するには刀に宿る本体（精霊？）の名を知らなければなりません。第一の名を知ることで始解《しかい》と呼ばれる斬魄刀の第一形態を引き出すことができ、第二の真の名を知ることで卍解《ばんかい》と呼ばれる第二形態を引き出すことができます。つまり、刀の本体の名を知ったときにはじめてその力を操る権利を得るのです。

漫画作品『DEATH NOTE』(デスノート)には、他人の氏名を書き込むことでその人を殺すことができる死神のノートが登場します。ノートに相手の似顔絵を描いても相手の写真を貼っても効果はありません。名前を書かなければならないのです。そのときはじめて、相手に対する支配権を得て、相手を思いのまま死に至らしめることができるのです(ただし、名前を書き込むとき相手の顔を認知しておく必要があります)。

2 火神アグニの名づけ要求

それでは、右に述べてきたような観念が看取されるヴェーダ神話を見ていくことにいたしましょう。まずは火の神アグニの物語です。この物語には、名前をもらうことで新たな姿を得るという考えと、そのような姿によって本体を隠すことができるという考えを認めることができます。

物語の概要

生まれたばかりの火の神アグニがなぜか泣いています。創造主プラジャーパティが理由を尋ねると、アグニは害悪を未だ打ち払えていないと言います。なぜ害悪を打ち払えていないのかというと、アグニはまだ名前をもらっていなかったからです。そこでプラジャーパティは「ルドラ」という名前をまずアグニに与えます。するとアグニはルドラの姿を取るようになります。そしてアグニが言います。自分は本来、現在の状態よりもさらに力強い状態を持つ者なのであると。つまり、さらなる名前を得るに値する者なのであると。こうしてアグニはさらなる名前をプラジャーパティに要求します。この過程が繰り返され、次々と名前がアグニに与えられていきます。左記では、そのうちの一番目の名前である「ルドラ」が与えられる場面を取り扱います。

原典の和訳

原典の和訳は次の通りです。

プラジャーパティは彼（アグニ）に言った：「少年よ、汝はどうして泣いているのか、奮闘と熱力から汝は生まれたというのに」と。すると彼（アグニ）は言った：「私は害悪を打ち払えていないのです。私はまだ名前を付けられていません。私に名前をください」と。それゆえ、生まれた息子に人は名前をつくるべきである。それにより、彼の他ならぬ害悪を打ち払うことになる。第二のものも第三のものも[人はつくるべきである]。それにより、彼の害悪をまさに次々と打ち払うことになる。

[プラジャーパティは]彼（アグニ）に言った：「汝はルドラである」と。彼にその名前を与えたとき、アグニはそのような姿になった。ルドラはアグニなのである。彼が今まさに泣いた（árodīt）こと、そのこと故にルドラ（rudráḥ）である。それで彼（アグニ）は言った：「私はこれ（現状）よりも力強い者（格上の者）です。私にしかと名前を付けてくだ

さい」と。

（『シャタパタ梵書』六・一・三・九〜一〇）

▼解説と考察

創造主プラジャーパティ

『リグ・ヴェーダ』の讃歌は基本的に多神教の世界観を基礎としていますが、その一方で、とりわけ同讃歌集の新層である第一〇巻には世界の一切を創造した根源的な存在への思索も現れています。このように世界の根源として唯一の存在者を設定する思想は『アタルヴァ・ヴェーダ』に受け継がれており、そこには「気息」、「支柱」、「時間」などを世界の原理として讃える歌が登場します。

そして、ヴェーダ祭儀書文献では、もっぱらプラジャーパティと呼ばれる神が世界の創造者として描かれます。『旧約聖書』の「創世記」のように、プラジャーパティがことばを発して世界を創造することを描く物語もあります。「プラジャーパティ」(prajápati) という名は「生類の主」という意味です。序章で見た、ことばと思考が争った物語でも、両者が優劣の裁定を求めたのはプラジャーパティでした。後のヒンドゥー教の神話ではあまり目立った活躍はしなくなります。

火の神アグニ

「火天」という名で日本にも入っている火の神アグニは、『リグ・ヴェーダ』ではインドラに次いで多くの讃歌を捧げられる存在です。『リグ・ヴェーダ』の冒頭はこのアグニに捧げられた讃歌からはじまります。

われはアグニに呼びかける　先頭に置き定められた［主祭官アグニ］に
祭式を正しいときに祭る者である神に
財宝を最も多く授けるホートリ祭官に。
（『リグ・ヴェーダ』一・一・一）

火がなければどんな祭式もできませんので、火は極めて重要な存在です。神々は火の通っていない生のものは食べないとされていて、神々への供物は祭式の場で祭火によって料理されます。そして同じく祭火に供物を投じることで神々に供物が届くことになります。神々を祭式の場へ呼び出すのも祭火の役割であり、本書の第1章で見たように、その炎を通じて魔の存在を打ち払うことも祭火に期待される事柄です。祭火にはさまざまな役割があると思いますが、それらのうち、古代インドの語源学者ヤースカは、神々を祭場へと呼び寄せることと供物を神々のもとへ運ぶことの二つを、祭火の主要な役割としてとらえています。神々を祭場へと招き、供物を火に投じたとき、神々がその供物を食べたと見なされます。

このように祭火アグニは神と人を媒介する存在です。アグニがいてはじめて人々は神々と関係を持つことができます。人間である祭官たちはアグニを通じて神々と関係を持つことになりますが、祭式を依頼する祭主にとっては、彼ら祭官たちもまた自らと神々との間を取りもってくれる仲介役です。

本書の第2章にて、日本の天皇家の祭祀を司る中臣《なかとみ》の一族について触れましたが、この「中臣」という名前の意味は「中《なか》つ臣《おみ》」であり、まさに神々と人々の間を取りもつことからこの名があります[14]。

火は文化が栄えるために必要なものの一つであり、重要なものですが、そのような火が一体どこから来たのかを語る神話は世界中に残されています。『金枝篇』で有名なフレイザーは、世界中にある火の起源神話を収集した労作も残していて、日本語で読むことができます[15]。本邦では、天の火を盗んで地上にもたらしたプロメテウスの神話がよく知られていると思います。『リグ・ヴェーダ』が語るところによれば、祭火アグニも本来は天にいたようです（一・一四三・二）。マータリシュヴァンと呼ばれる存在がその祭火を地上へともたらします（一・九三・六、三・二・一三など）【図6】【図7】。

名前を与えることの意味

アグニが泣いていたのは、まだ名前をもらっていないからでした。アグニが言うには、名前をもらわないと、害悪を打ち払えないようです。そして、それゆえ人は子どもが生まれたら名前を付けなければならないのだという説明へと続きます。

左記に述べるように、この『シャタパタ梵書』では、何かしら名前が与えられて何らかの姿をとれるようにならないと、自己の本体がむき出しにされたままである、という考えが背景にありそうです。そのように本体が何からも守られていないむき出しの状態では、魔的な存在が簡単に寄りついてしまいます。アグニは第一の名前を与えられると、「私はこれ（現状）よりも力強い者（格上の者）です。私にしかと名前を付けてください」と語っています。ここから、アグニは名前をもらうことで力を得たこと、そして第二、第三の名前をさらにもらうことでより強力な力を得ていくことがわかります。

【図5】火の神アグニの像

物語の中では、名前は一つだけではなく、二つ三つと与えられるべきであり、それらの名前によって次々と害悪が打ち払われていくのだとされています。アグニも次々に名前を要求して合計九つの名前をプラジャーパティからもらいます。これはどういうことなのでしょうか。一つの考え方は、ある名前をもらってもその名前を魔的な存在に知られてしまうと支配されてしまうため、保険として二つ目や三つ目の名前を与えておくというものです。

たとえば名前が三つあり、それに応じて自らのあり方が三つあれば、第一の名前を知られてもまだ二つの名前が残っているので魔は相手を支配することができません。右の翻訳で示した原典箇所よりも後の箇所を読むと、それぞれの名のもとでとる姿を隠れ蓑にすることで本体を隠すことができる、と考えられているようです（『シャタパタ梵書』六・一・三・一九）。

古代インドの儀礼書では、親は新生児に対して一般の名に加えて両親以外の誰にも知られない秘密の名を付けることが規定されているのですが、この秘密の名を与える理由も、邪悪な存在が新生児の名前を知って新生児を支配することを阻止するためである、と解釈できるものです。

【図7】南インドにおける「火への献供」儀礼の一幕（天野恭子先生より提供）

ルドラと語源説明

プラジャーパティがアグニに最初に与えた名前は「ルドラ」でした。ヴェーダ祭儀書文献ではアグニとルドラは頻繁に同一視されますが、ルドラは祭火アグニの恐ろしげな側面を表わすものであると言われています。すでに『リグ・ヴェーダ』の段階において、アグニは「ルドラ」（恐ろしき者）と呼ばれています（四・三・一）。

讃歌の数は多くありませんが、ルドラは単独の神としても『リグ・ヴェーダ』で歌われており、「シヴァ」という異名を持つことでも知られています。ルドラは大変恐ろしい神ですので、その名を口にするのも恐ろしく、代わりに「吉祥な者」を意味する「シヴァ」という名で人々は呼ぶようになったと学界では解釈されています。ヒンドゥー教のシヴァ神の前身がこのルドラなのです。

ルドラは二つの側面を持っています。一つは右に述べたような恐ろしい側面です。ルドラは人々に害を及ぼしかねない存在ですので、人はその怒りを何とかして鎮めなければなりません。一方で、ルドラは薬を用いて疫病を遠ざけることで人々に恩恵を施してくれる存在でもあります。動物との関わりが強い神でして、家畜の病気や繁栄を司っています。『アタルヴァ・ヴェーダ』でルドラは「家畜の主」（パシュパティ）とも呼ばれます。

物語の中では、ルドラ（rudrá）という名前の語源説明も提示されています。それによると、アグニがルドラという名前で呼ばれることになったのは、アグニが名前をもらえずに泣いていた（árodīt）からです。rudráという単語とárodītという単語を比べると、同じ音をいくつか共有していることがわかります。

このように、二つの単語の音の共通性や類似性を根拠に二つの単語の意味を結びつけてなされる語源説明は、一般に通俗語源と言われていて、ヴェーダ祭儀書文献に頻出します[16]。日本をはじめ世界中にこの種の語源説明の例はあります[17]。この種の語源説明はあたっていることもあるのですが、めちゃくちゃなことを言っていることもあります。当該の語源説明に従うならば、ルドラという名の語源的な意味はこの「泣いた」という意味に関わるものということになりますが、神々の名の語源は不確定なものが多く、解釈の可能性がいくつもあるというのが現状です。ルドラの名も例外ではありません。

3 造形神トヴァシュトリの発音間違い

本書の第2章において魔神たちがことばを言い間違える話を見ましたが、次に見るのは、ことばはことばでも名前を言い間違える話です。ことばを言い間違えた魔神たちはことばに打たれて滅んでしまいましたが、名前を言い間違えると何が起こるのでしょうか。見ていきましょう。

物語の概要

インドラは造形の神トヴァシュトリの息子を殺します。息子を殺されたことに怒り、トヴァシュトリは祭式の場でソーマ汁に与る者からインドラを除外しました。しかし、インドラは、祭場に招かれていないにもかかわらず、勝手にソーマ汁を飲んでしまいます。これに腹を立てたトヴァシュトリは、インドラを殺すべく、残ったソーマ汁を火に投じて魔物を生み出そうとします。ところが、魔物を生み出す呪文を唱えるとき「インドラの天敵」を意味することばを発声すべきところを、単語のアクセント位置を誤って「インドラを天敵とする者」を意味することばを発してしまいます。その結果、魔物は生まれるのですが、用いられたことば通りに「インドラを天敵とする者」、つまり「天敵がインドラである者」として生まれてしまい、インドラに殺されてしまいます。

左記で扱う物語は『シャタパタ梵書』という祭儀書文献からとったものですが、別の形として『タイッティリーヤ本集』という祭儀書文献にも記録されています[18]。

原典の和訳

次に原典に従った和訳を提示します。

するとトヴァシュトリは怒った。「われが呼び寄せていない者がソーマを享受したというのか」と。彼はまさに自ら祭式へと入った。彼は、木の大桶の中に残されてあった白きもの（ソーマ）、それを前方へ転じた（火の中へ献じた）。「インドラを天敵とする者として汝は成長せよ」と。それ（ソーマ）は他ならぬ火に達し、［インドラを天敵とする者として］生成した。他方、それはまさに［火へと達するまでの］間に生成したとある人々は言っている。それは他ならぬアグニとソーマを取り込んで生成した、すべての知識を、すべての名声を、すべての食物を、すべての栄華を。

それは回転しながら（vártamānaḥ）生成したことから、ヴリトラ（vṛtrá）である。他方、それは足を持たずに生成したことから、蛇である。それをダヌとダナーユーが母と父のように引き取った。それゆえ、それはダーナヴァ(ダヌの子)である。以上のように人々は言っている。

それから、「インドラを天敵とする者としてお前は成長せよ」と言ったことから、他方、インドラの方が当人(ヴリトラ)を打ち殺した。しかし、もし[火にソーマを献じてから]「インドラの天敵としてお前は成長せよ」と言っていたならば、他方、彼(ヴリトラ)の方が間違いなくインドラを打ち殺したことであろう。

(『シャタパタ梵書』一・六・三・八〜一〇)

▼解説と考察

造形神トヴァシュトリ

先ほど神々の名の語源は不明なものが多いという話をしましたが、トヴァシュトリの名前の語源は明瞭です。この名前は、「形づくる、造形する」を意味する動詞語根トゥヴァスからできているもので、「トヴァシュトリ」の「トリ」の部分は「〜する者」を意味しますから、全体として「形づくる者、造形者」という意味になります。その名が示す通り、トヴァシュトリは工芸の神であって、『リグ・ヴェーダ』では生物を形づくったことが歌われています[19]。インドラの父と考えられている場合もあり[20]、インドラ専用の武器であるヴァジュラをつくったのも彼です[21]。

大蛇ヴリトラ

物語中でトヴァシュトリが生み出した魔物は**ヴリトラ**と呼ばれています。ヴリトラ(vṛtrá)という単語の原義は「覆うもの、障害」で本来は中性名詞でしたが、この意味は複数形のみに保たれており、『リグ・ヴェーダ』では男性単数形で蛇の姿をした魔物を指しています。水をたたえた山を囲んで水を閉じ込めている大蛇であり、特にコブラであると理解されています。すでに述べましたように、『リグ・ヴェーダ』で歌われるインドラの武勲の一つは、このヴリトラを打ち殺して世界に水を解放することです。

水と関係する龍蛇という主題は世界中の神話に見られるもので、たとえば北欧神話では、人間が暮らす中つ国を囲む大海に、その大海を一周して自らの尻尾をくわえるほどの大蛇ヨルムンガンドが住んでいます。ギリシア神話では、英雄ヘラクレスが倒す大蛇ヒドラは湖に潜みます。ヴリトラを倒すインドラの神話、ヨルムンガンドを倒すトールの神話、ヒドラを倒すヘラクレスの神話は、「英雄による龍殺し」という主題を共有する神話です。本邦にも、ヤマタノヲロチ（八岐大蛇）を倒すスサノヲの神話があります。

魔物を生み出す儀式

トヴァシュトリは祭場に飲み残されていたソーマ汁を火の中に投じてインドラを殺す魔物を生み出そうとします。この場合は新たに魔物をつくり出そうとしているのでちょっと違いますが、すでにどこかにいる魔物や霊的な存在を呼び出すという形の召喚呪術に似たところがあります。たとえば、文豪ゲーテの戯曲『ファウスト』の第一部「夜」において、ファウスト博士が呪文を通じて地霊を呼び出して何かをしようとする場面があります。ただし、実際にファウスト博士が唱えた呪文そのものは原典には述べられていません[22]。

霊魂を呼び寄せてその意思を伝える巫女の「口寄せ」も、召喚呪術と言っていいでしょう。現代文化に目を向けると、高い人気を誇る「ファイナルファンタジー」シリーズでも召喚士という職が出てきます。「ファイナルファンタジーX」はそのような召喚士の物語でした。

トヴァシュトリが生んだ魔物ヴリトラは、ぐるぐると回転しながら生成したされています。原文の「それは回転しながら（vártamānaḥ）生成したことから、ヴリトラ（vṛtrá）である」という箇所は、前節の物語の際に説明した通俗語源説明の一種です。

「インドラの天敵」と「インドラを天敵とする者」

さて、トヴァシュトリは魔物ヴリトラを生み出すこと自体には成功しますが、ヴリトラはインドラに殺されてしまいます。なぜ逆にヴリトラがインドラを殺すことができなかったのかと言うと、トヴァシュトリがヴリトラを生み出す際に呼びかけることばを間違えてしまったからです。彼が魔物を生み出す際に発した呪文は「インドラを天敵とする者としてお前は成長せよ」ですが、この「インドラを天敵とする者」の箇所を本来ならば「インドラの天敵」と言うべきでした。日本語に訳すとわからなくなりますが、原語で見るとトヴァシュトリは単語のアクセント位置を間違えてしまったことがわかります。

ここで言う「インドラ」を表す原語はindra、「天敵」を表す原語はシャットゥル（śátru）です。この二つの単語を合わせるとインドラシャットゥル（indraśátru）という合成語ができあがります。このままだとこの合成語は「インドラ天敵」と言っているだけであり、具体的な内容がわかりませんが、この合成語のどこかに高アクセントが置かれることによって意味が確定します。インドラシャットゥル冒頭の「イ」に高アクセントが置かれると（**イ**ンドラシャットゥル［índraśatru］）、この合成語は「インドラを天敵とする者」という意味になります。一方、インドラシャットゥルの「シャ」に高アクセントが置かれると（インドラ**シャッ**トゥル［indraśátru］）、「インドラの天敵」という意味なります。つまりトヴァシュトりはこの二番目の形を用いなければならなかった、あるいは合成語をつくらずに二つの単語を離して「インドラの天敵」（インドラッスヤ　シャットゥルフ［índrasya śátruḥ］）と言うべきだったのです。それなのに、一番目の形を用いてしまったために、文字通り「インドラを天敵とする」魔物が生まれてしまい、魔物はその天敵であるインドラに勝つことができず倒されてしまうのです。まさに、名は体を表す、です。

すでに『リグ・ヴェーダ』においてヴリトラを「インドラを天敵とする者」（**イ**ンドラシャットゥル［índraśatru］）として語る詩歌があり[23]、この物語はそこから着想を得てつくられたものかもしれませんが、なぜトヴァシュトリがアクセント位置を間違えてしまったのかは文献では語られません。怒りから興奮しすぎて単語の第一番目の音に力点をおいてしまったのでしょうか。ちなみに、人の名前の言い間違いは現代でも頻繁に起こりますが、そのような言い間違いは単語の頭で起こりやすいことが知られています[24]。このインドラシャットゥルの例も、単語の頭で間違いが起こっている例です。

公式の場での呼び間違い

第2章にて、魔神たちが失言を犯す物語を見たとき、魔神たちはことばが外的に高められる儀礼の場で誤ったことば遣いをしてしまったために滅んだ、という考え方を提示しました。

ここでもこのような視点は有効です。トヴァシュトリは儀礼の場、すなわちことばが否応なしに高められる状況において、名前を言い間違えてしまいました。その結果、ことばの力が発揮されてその名前の意味通りの魔物が生まれてしまったのです。

そして最終的に、名前を間違えられた魔物は滅ぼされ、名前を間違えたトヴァシュトリも自分の目的を達成できずに終わります。私は、高校の卒業式で卒業生の名前を一人ずつ呼ばれているときに、担任の先生から自分の名前を呼び間違えられた経験がありますが、そのように改まった公式の場で名前を呼び間違うと、相手にも自分にも与える傷は深いものがあります。私の場合は名前を呼び間違えられても特に気にしませんでしたけれど。

魔神たちの失言物語を読み解く際にも触れたように、文法家パタンジャリは、誤ったことばが人を物理的に傷つけることを説く次のような詩を引いています。

ことばは　アクセントまたは音素の点で欠陥を抱えたものとして

誤って使用されると　その［意図された］意味を伝えない。

そのような［ことば］は　ことばの戦棍／雷電となって祭主を傷つける。

インドラシャットゥルという語がアクセントの点で誤っていたため［祭主を傷つけたように］。

（『大注釈』第一巻第二頁）

この詩は明らかにインドラシャットゥル物語を念頭においたものですが、右に訳出した物語にはトヴァシュトリの言い間違いが発声者自身である彼を物理的に痛めつけたような場面は出てきません。パタンジャリが引用するこの詩の作者は、右に見た物語とは違う形のものを知っていたのかもしれません。

4 国王ダルバの改名儀礼

本章の最後に取りあげるのは、とある王様の話です。そこには、新たな名前を通じて新たな性格、新たな生を得ることができるという観念が認められます。

物語の概要

古代インドの一六大国の一つであるパンチャーラ国の王は、「草」という陳腐な名前を持っていたせいで、国民から尊敬されていませんでした。子どもたちからも「草だ、草だ」と馬鹿にされる始末です。そこで、王がお抱えの祭官に頼んで名前を変更する儀礼を遂行してもらいます。その儀礼を通じて、草は草でも「聖草」という名前を得て、国民から尊敬されるようになります。その「聖草」という名前は王が亡くなった後でも、国民たちの間で使用され続けます。

これが概要ですが、実を言うとこの物語では、王のもとの名前が「草」であって王がそれを「聖草」へと改名したことが明確に述べられているわけではありません。他の文献中の記述を参照すると、王自身が改名したわけではない可能性もあり、解釈には慎重を要する物語です。オランダの高名なインド学者であるホンダは、この物語において王は儀礼を通じて改名を行っていると推測しており[25]、本書ではこのホンダの立場を仮に受け入れた上で、王の改名物語としてこの物語を見たときにはどのような読み方ができるのかを提示しています。

原典の和訳

原典訳は次の通りです。

プラジャーパティは生類らを創出した。彼らは創出されたのに、当人(プラジャーパティ)を崇敬していなかった。そこで［プラジャーパティ］は欲した：「われはこれら生類らのもとで崇敬に至りたい」と。そこで彼は例の祭式を見てとった。それを持ってきた。それによって祭った。それから、彼ら［生類らは］彼を崇敬するようになったのである。

一方、神々はインドラを崇敬していなかった。そこで彼はプラジャーパティに駆け寄った：「この神々はわれを崇敬していないのだ」と。［プラジャーパティは］例の「崇敬」という祭式を彼に分配した。［インドラは］それを持ってきた。それによって祭った。それから、神々は彼（インドラ）を崇敬するようになったのである。

一方、パンチャーラ国の人々は、王であるにもかかわらずダルバ・シャーターニーキを崇敬していなかったのである。さらにまた、子どもたちは当人（ダルバ王）を「草（ダルバ）だ、草（ダルバ）だ」といつも呼んでいた。彼のもとにはアヒーナー・アーシュヴァッティとケーシー・サーティヤカーミという名の例の二人の婆羅門がいた。両者は当人（王）のところへ一緒にやってきた。そのとき彼は考え込み座り込んでいた。彼に二人は言った：「一体どうして王族のものが思索にふけっているのか」と。すると彼は答えた：「我輩が考え込んではいけないというのか。このパンチャーラ国の人々が、王であるにもかかわらず、我輩を崇敬していないのである。加えて、子どもたちが我輩を『草だ（ダルバ）、草だ（ダルバ）』と呼んでくる。だからこそ我輩はこうして考え込んでおるのだ」と。彼に二人は言った：「ここに『崇敬』という名の祭式儀礼がある。それによって我らは汝に祭式を行ってやろう」と。「そうしてくれ」と［王］。二人はそれによって当人に祭式を行った。するとと彼はこれら［パンチャーラ国の人々］のもとで崇敬に至った。それは、今日でもパンチャーラ国の人々がダルバ草をまさしく「聖草（クシャ）」と呼んでいるほどの［崇敬］である。

（『ジャイミニーヤ梵書』二・一〇〇）

▼解説と考察

名前を変えるための儀礼

物語中で王が「崇敬」という名の儀礼によって名前を変えたことは明言されてはいませんが、最後の一文から判断して、もともとの名前であった「ダルバ（草）」から「クシャ（聖草）」へと名前を変えたことを読みとることが可能です。その崇拝を集めた王の名前である「クシャ（聖草）」にあやかって、今日でもダルバ（草）のことを人々は「クシャ（聖草）」と呼んでいると考えることができるからです。プラジャーパティもインドラもこの「崇敬」という名の儀礼を通じて民や神々から崇敬を得たことが物語の前半部で語られていますが、彼らも名前を変更したのでしょうか。この点についてはよくわかりません。

現代でも名前を変えるには裁判所に申し立てる正式な手続きが必要で、簡単には変えられません。最近では、「王子様」という名を持っていた高校生が裁判所を通じて改名手続きをした話が記憶に新しいです。

祭式に使う草の名

ここでは二つの草が出てきています。ダルバとクシャです。いずれも、祭場に迎えられた神々やご先祖さまが座す敷《し》き草として使われる草の一種です。神々の座として前もって祭場にこの草が敷き広げられます。ヴェーダ祭儀書文献ではこの敷き草に使われる草を指してダルバという用語が使われ、祭儀書文献よりも後に成立するヴェーダ祭式の手引書文献（シュラウタスートラと呼ばれます）では、同じ草を指してクシャという用語が使われることが多いです。物語の中ではダルバという王の名前が軽蔑の原因であり、クシャという名前が崇敬の原因であることになっていますから、ダルバの方が「単なる草、雑草」といった程度の意味で、クシャの方が「聖なる草」といった意味合いで使われていると思われます。

なお、サンスクリット文献には、草に類するものを比喩に使って相手を侮蔑する表現が出てきます。「私はお前を藁《わら》だとも思わない」という表現です。お前は藁以下だということです[26]。

終章

ことばと共に生きるということ

人間の精髄はことばである。

(『チャーンドーギヤ奥義書』一・一・二)

『リグ・ヴェーダ』一〇・一二五・四では「[それを]考えること無しに　彼ら(神々や人々)はわれ(ことば)のそばで安住する」と言われていました。それを意識しようとしまいと、私たちは常にことばと共にあります。ことばから逃れることはなかなかできません。一切のことばも介在させない思考、認識はあり得るでしょうか。サルトルが『嘔吐』で描くような言語脱落の状態やバルトリハリが述べるような行者などの境地というものを考慮に入れるならば、ありえると言えるかもしれませんが、日常生活を送る大多数の人にとってこれらは易々と経験できるようなものではありません。

インド仏教哲学の認識論をご存じの方なら、「ことばによる概念形成をともなわない瞬間的な認識段階」というものを仏教学者たちが認めていることを思い起こされるでしょう。この見解に立つ場合、対象を知覚する第一の瞬間的な段階より後の段階において、知覚された対象をたとえば「車である」というようにことばによって概念的にとらえる認識が起こることになります。このような立場に対して、バルトリハリは、少なくとも日常の指向的な認識の場合にはことばの介在とそれによる概念化を伴わないような認識段階を認めていません。序章で引用した原文にあったように、彼にとってすべての認識はあたかもことばによって貫かれているようなものであり、そこには常にことばが付随してきます。ことばが付随するということはことばによる概念設定も同時になされているということになります。

序章の註［6］の中で、認知科学の専門家である今井むつみ先生の名とそのご著書『ことばと思考』を挙げました。同書の一九七〜二〇〇頁では、ある色を見たときに脳がこの色の知覚処理を行うのとまったく同時に、その色の名前の意味処理をする部分にも自動的にアクセスしていることが、実験の結果から指摘されています。つまり、対象の知覚と同時にその対象を指すことばが生じているのです。このことから、今井先生は次のようなことばをもって節を締めくくっています（同書、二〇〇頁）。

つまり、私たちは世界にあるモノや色、モノの運動などを、単に見ているわけではない。見るときに、脳では、ことばもいっしょに想起してしまうのだ。たとえそれが、一瞬のことで、意識的には気づかず、記憶に留まることがなくても、だ。つまり何かを見るとき、言語を聞こうと聞くまいと、言語は私たちの認識に無意識に侵入してくるのである。

ことばは必ず私たちの認識世界に侵入してくる。

どうやら私たちはことばから逃れることはできないようです。思考やそれに基づく判断や行動のすべてをことばが支配していると言っても過言ではないでしょう。そのようなことばは、私たちの日々の生活を、そしてある場合には私たちの一生を左右します。そもそも名前ということばは、一生その人に付いてまわります。自分の名前の持つ響きや意味によって元気づけられる人もいれば、苦しめられる人もいるでしょう。長年にわたって自分の名前に苦しんだ末、裁判所に改名を申し立てる人もいます。名前を変えて新たな存在に生まれ変わろうとするのです。改名によって新たな生を得て新たな生を導こうとするような生き方は、二〇〇〇年以上前のヴェーダ神話がすでに伝えているところでした。

ほんのかすり傷が人の命を奪うことはまずありませんが、何の悪気もなくかけられた些細なことばが、人の命を奪ってしまうことはあります。ほんのかすり傷は少し時間が経てば完治しますが、何の悪気もなくかけられた些細なことばが、人を実に長きにわたって苦しめることがあります。何気なくかけられた些細なことばにこれだけの力があるのですから、それが強い悪意のもと、相手を傷つけるために発せられたものならば、人に極めて大きな傷を負わせるのは必定です。さらに、そのことばがこのような強い意思のもと、外的なあるいは内的な枠組みによって高められた上で発せられたならば、強大な力を発揮して、人知を越えた現象をも引き起こしてしまうのかもしれません。

一度発せられたことばは取り消すことができません。芸能人や政治家の失言は、後で必死になって撤回しても、本人の地位を失墜へと追い込むことが多々あります。ヴェーダ神話においても、誤ったことばを発した魔神たちは滅んでしまいました。そのような失言は、儀礼的な公式の場でなされればなされるほど重いものとなります。ことばが外的に高められた状態にあるからです。SNS上で書かれた失言の場合、たいていその失言を示す文字列を視覚的に削除して謝罪すれば何となく許される風潮があるように感じます。視覚的にことばが取り消された印象を残せるからでしょうか。しかし、発せれた失言の場合には、そうはいきません。古典サンスクリット文学でよく描かれるものに仙人の呪詛というものがありますが、仙人が呪詛を発した後になって、その呪詛の効果が続く期間を付け加えることはあっても、その呪詛自体を取り消すことは基本的にありません。一度発したことばは決して取り消すことができないのです。

　村崎《むらさき》羯諦《ぎゃてい》さんの短編小説集『余命3000文字』（小学館、二〇二〇年）の中に、書名にもなっている「余命3000文字」という名前の物語が収録されています。余命はあと三〇〇〇文字であると医者から宣告を受けた主人公の物語です。これがどのような話なのかここには書きませんが、もし、この先の人生で書いたり話したりできることばの数が限られていたら、私たちはどうするでしょうか。平凡な言い方になりますが、一つひとつのことばを大事に使おうとするのではないでしょうか。

　何が大事かは人によって違います。親、配偶者、子どもなどに気持ちを伝えようとする人もいるでしょう。神や仏にことばを捧げる人もいるでしょう。三島由紀夫のように、大勢の人に自分の心情を訴えかける演説をする人もいるかもしれません。しかし、特定の人を傷つけるような目的で、その場の一時的な感情にまかせて、限られた量のことばをわざわざ浪費しようとする人は多くないのではないでしょうか。ことばを大切に使おうと少し意識するだけで、社会はより良い方向へと動いていくかもしれません。

ことばの否定的な側面ばかり述べてきましたが、ことばにはこれほどの力が備わっているのですから、使い方次第では人に良い結果をもたらすこともできるはずです。鬱々とした生活を送っていた人や地獄のどん底にいた人が、たった一言、何かしらのことばをかけられただけで救われることはありえるでしょう。何らかのことばが、それまでとはまったく違う新たな生を導いてくれることになった事例は少なくないと思います。

良い結果をもたらすにせよ悪い結果をもたらすにせよ、ことばとは、これだけの重みを持ったものなのです。今、無責任で軽率なことばが世の中に溢れてしまっているような気がします。匿名でことばを簡単に書いたり消したりできるネット社会がもたらす必然の成り行きなのかもしれません。僭越ながら申し上げると、私たちはことばを使うことの重みをもう一度思い出すべきときに来ているのではないでしょうか。ことばがどれほど凄まじい力を持っているかを教えてくれる一連のヴェーダ神話は、私たちが忘れかけていることを気づかせてくれるものであるように思えます。

†註一覧

【序章】

[1]星野英紀・池上良正・氣多雅子・島薗進・鶴岡賀雄［編］『宗教学事典』(丸善、二〇一〇年)八六頁。

[2]原文には「両者は影響し合うとものである」とあるが、おそらく「両者は影響し合うというものである」の誤植と思われるので、修正した形で提示している。

[3]ここでウォルター・J・オング（桜井直文・林正寛・糟谷啓介［訳］）『声の文化と文字の文化』(藤原書店、一九九一年)に触れないわけにはいかないだろう。これは音声言語の文化と文字言語の文化について書かれたもので、版を重ねて広く読まれている良書である。ただし、両文化における呪術を主題的に論じるものではない。

[4]『マハーバーラタ』一・三七・一三。

[5]久保帯人『BLEACH』(ブリーチ)(集英社、二〇一四年)第六四巻。

[6]この問題に対して認知科学の分野にはどのような立場があり、どの立場が主流なのか、その世界に身をおく者ではない筆者にはわからないが、認知科学の専門家である今井むつみは『ことばと思考』(岩波書店、二〇一〇年)の中で、種々な実験と洞察の結果として「言語を介さない思考というのは、言語を習得した人間には存在しない、という極論も、あながち誤っていないかもしれない」という指摘をしている（二〇二頁）。

[7]バルトリハリの『文章単語論』は全三巻からなる大部の言語哲学書であるが、そのうち第一巻と第二巻については赤松明彦による和訳『古典インドの言語哲学1――ブラフマンとことば』(平凡社、一九九八年)、『古典インドの言語哲学2――文について』(平凡社、一九九八年)が出版されているので日本語で読むことができる。また、中村元の『ことばの形而上学』(岩波書店、一九五六年)や『ミーマーンサーと文法学の思想』(春秋社、一九九五年)では、バルトリハリの言語哲学が広く考察されている。

[8]この種の呪物を使う書物の中で、日本語で読むことができ、かつ信頼に足るものとして第一に挙げるべきはジョン・G・ゲイジャー（志内一興［訳］）『古代世界の呪詛板と呪縛呪文』(京都大学学術出版会、二〇一五年)であろう。

[9]和訳は谷口幸男［訳］『エッダ――古代北欧歌謡集』(新潮社、一九七三年)三八～三九頁による。

[10]谷口幸男『ゲルマンの民俗』(溪水社、一九八七年)二四六頁。

[11]谷口前掲書、一四三〜一四八頁及び同右、二四二〜二四四頁。
[12]井筒俊彦（安藤礼二［監訳］／小野純一［訳］）『言語と呪術』（慶応義塾大学出版会、二〇一八年）三〇頁。
[13]井筒前掲書、一九〇頁。
[14]現代語訳は中西進『万葉集――全訳注原文付（一）』（講談社、一九七八年）二三〇頁による。
[15]カート・セリグマン（平田寛［訳］）『魔法――その歴史と正体』（人文書院、一九九一年）六八〜六九頁。
[16]藤井正人「リグ・ヴェーダ「一切神讃歌」の神概念」（『待兼山論叢』一九八二年）五四頁。
[17]風間喜代三『ことばの生活誌――インド・ヨーロッパ文化の原像へ』（平凡社、一九八七年）三〇五頁。
[18]『赤毛のエリク記』第四章で巫女の姿が描かれる箇所の和訳を提示しておく。本和訳は山室静『赤毛のエリク記――古代北欧サガ集』（冬樹社、一九七四年）一五頁によるものである。

彼女は迎えに行った男と共に夕方になってやってきた。服装はこんなだった――飾帯のついた青いマントを着ていたが、マントには下の縁《へり》まで宝石が嵌めこまれていた。頸にはガラス玉の飾りをかけ、頭には白猫の皮で裏打ちした黒い羊皮の頭巾をかぶり、手に杖をもっていたが、その杖にはいくつも宝石を嵌めた真鍮の握りがあった。胴には火打ち道具のついた帯をしめ、それに大きな革袋をつり下げていたが、その袋の中には占いにつかう魔法の道具が入っていた……。

（『赤毛のエリク記』第四章）

[19]井筒前掲書、七〇頁。
[20]『タイッティリーヤ本集』五・一・六・四。
[21]井筒前掲書、二一四頁及び訳注一二。
[22]目加田誠『詩経』（講談社、一九九一年）一五頁。
[23]和訳は谷口前掲書『エッダ――古代北欧歌謡集』四〇頁による（ただし改行は筆者が行った）。
[24]歌の和訳のみ提示しておく（谷口前掲書、八三頁）：「よいか、勝利を与えるべきでない臆病者に、わしが勝利を与えたというなら、お前は、八年もの間、地の下で、乳しぼり女になって、その上そこで子供をこしらえたろう。男らしくないと思ったものだ」
[25]井筒前掲書、二一二〜二一三頁。
[26]試みに、手元にあった二つの和訳、松濤誠廉・丹治昭義・桂紹隆［訳］『大乗仏典5 法華経II』（中央公論社、一九七六年）一八三頁と植木雅俊『梵文『法華経』翻訳語彙典［下］』（法藏館、二〇二〇年）一〇〇四頁を見ると、いずれも原語の意味は与えずに音のみをカタカナで表記する形をとっていた。筆者もそのやり方に倣う。

[27]松濤・丹治・桂［訳］、同右、一八四〜一八七頁及び植木、同右、一〇〇八〜一〇一九頁を見られたい。

[28]『BLEACH』（ブリーチ）（集英社、二〇〇六年）第二五巻。

[29]和訳は船山徹『仏典はどう漢訳されたのか——スートラが経典になるとき』（二〇一三年、岩波書店）一〇七頁による。同書の一〇五〜一一二頁ではこの「五種不翻」説が解説されている。

[30]ヤースカの思想に興味がある方は、川村悠人『神の名の語源学』（溪水社、二〇二一年）を見られたい。

[31]和訳は山口佳紀・神野志隆光［校注・訳］『古事記——新編日本古典文学全集1』（小学館、一九九七年）二八一頁による。

[32]ヴェーダ時代の宗教や文化について広く知りたい方には、藤井正人「ヴェーダ時代の宗教・政治・社会」（山崎元一・小西正捷［編］『世界歴史体系 南アジア史1——先史・古代』山川出版社、二〇〇七年）が勧められる。

[33]野田恵剛［訳］『原典完訳アヴェスター——ゾロアスター教の聖典』（国書刊行会、二〇二〇年）。

[34]川村悠人「手足で待ちかまえる女根たちと征服する男根たち」（木村武史［編］『性愛と暴力の神話学』晶文社、二〇二二年）、七五〜七七頁。

[35]後藤明『世界神話学入門』（講談社、二〇一七年）九二頁。

[36]ブラフマチャーリンと呼ばれるヴェーダ学生の全貌を知るにあたり、近年画期的な書が日本語で出版されている。梶原三恵子『古代インドの入門儀礼』（法藏館、二〇二一年）である。この本はインド古典学分野の専門書ではあるのだが、平易な日本語でわかりやすく論が展開されている。

　なお、現代インドにおけるヴェーダ朗唱や学習の風景はいくつかのウェブページで見ることができる。たとえばhttps://vimeo.com/channels/vedicritual（二〇二二年六月三〇日閲覧）やhttps://vimeo.com/user10256084（二〇二二年六月三〇日閲覧）を訪れてみてほしい。

[37]永嶋哲也・周藤多紀「中世の言語哲学」（神崎繁・熊野純彦・鈴木泉［編］『西洋哲学史II——「知」の変貌・「信」の階梯』講談社、二〇一一年）一八九頁。

[38]同右、一八九頁。

[39]師茂樹「「公共の記憶《メモリア》」としての電子書籍」（『ユリイカ』青土社、二〇一〇年八月号）一一〇頁。

[40]インダス文明の文字や文化について最新の成果を知ることができるのは、筆者が知る限り、長田俊樹［編］『インダス——南アジア基層世界を探る』（京都大学学術出版会、二〇一三年）である。インダス文字については辛島昇「インダス文字の解読」（山崎・小西［編］、前掲書）や同じく辛島の『インド文化入門』（筑摩書房、二〇二〇年）七六〜九一頁も参考になると思う。文字全般を見るには世界の文字研究会が編纂した『世界の文字の図典』（吉川弘文館、一九九三年）が有用である。インド文字に特化したものとしては町田和彦［編］『華麗なるインド系文字』（白水社、二〇〇一年）や、大修館書店が発行

していた月刊誌『月刊言語』の中にインド系文字の特集号（二〇〇五年、一〇月号、第三四巻）がある。

[41]アショーカ王碑文の概要や内容を知りたい方には塚本啓祥『アショーカ王碑文』（第三文明社、一九七六年）が勧められる。アショーカ王碑文に対する平易な解説としては山崎元一「アショーカ王碑文とその文字」（山崎元一・小西正捷［編］『世界歴史体系 南アジア史1――先史・古代』二〇〇七年）や辛島昇、前掲書、九三～九八頁がある。

[42]町田前掲書、一一頁。

[43]平岡聡『ブッダの大いなる物語 上――梵文『マハーヴァストゥ』全訳』（大蔵出版、二〇一〇年）と『ブッダの大いなる物語 下――梵文『マハーヴァストゥ』全訳』（大蔵出版、二〇一〇年）により、『大事』のすべてを日本語で読むことができる。本文で言及した箇所の和訳は、前者の八六頁にある。

[44]この大乗経典全体の日本語訳は外薗幸一『ラリタヴィスタラの研究 上巻』（大東出版社、一九九四年）、『ラリタヴィスタラの研究 中巻』（大東出版社、二〇一九年）、『ラリタヴィスタラの研究 下巻』（大東出版社、二〇一九年）で見ることができる。当該箇所の和訳は上巻の八七九～八八一頁にある。

[45]宮林昭彦・加藤栄司［訳］『現代語訳 南海寄帰内法伝――七世紀インド仏教僧伽の日常生活』（法藏館、二〇〇四年）三六〇頁。

[46]後藤敏文「古代インドの祭式概観――形式・構成・原理」（中谷英明他［編］『総合人間学叢書 第3巻』二〇〇八年）六五頁。

[47]『語源学』一二・一三、二・一一。

[48]一方で、古典サンスクリット文学そのものを概観する書物はいくつか出ている。代表的なのは辻直四郎『サンスクリット文学史』（岩波書店、一九七三年）である。ただし、「サンスクリット文学史」という書名からもわかるように、同書でなされるのは詩作品についての概説であり、古典サンスクリット詩における修辞技巧の実際などが具体的にかつ詳しく説明されることはない。

[49]井筒前掲書、三〇頁。

[50]堂山英次郎「Ṛgveda I 82―hariyójana-, bráhmaṇ-,「新しい歌」, 1. sg. Konjunktiv」（『論集』［印度学宗教学会］二〇〇〇年）一一～一三頁にこのような「新しい歌」の説明と資料が提示されている。

[51]このような新たな仕掛けの一例として、古典サンスクリット文法学の用語を詩の中に組み込むというものがあるが、これについては川村悠人「詩と文法」（水野善文［編］『南アジア多言語社会における複合文化のなかの文学伝承』［2018年度科研・基盤研究（B）中間報告書］二〇一九年）を見られたい。

[52]この方面から古典サンスクリット詩を考察したものとして横地優子「サンスクリット詩の理解に向けて」（水野善文［編］『多言語社会における文学の歴史的展開と現在：インド文学を事例として』［平成17年度～平成19年度科学研究費補助金基

盤研究（A）研究成果報告書』二〇〇八年）がある。

[53]堂山英次郎『リグヴェーダにおける一人称接続法の研究』（大阪大学大学院文学研究科紀要・モノグラフ編第四五巻-二、二〇〇五年）一六〇頁及び注二〇二。

[54]セリグマン前掲書、六九頁。

[55]中田祝夫・和田利政・北原保雄［編］『古語大辞典』（小学館、一九八三年）六三二頁。

[56]言霊思想については佐佐木隆『言霊とは何か——古代日本人の信仰を読み解く』（中央公論新社、二〇一三年）と今野真二『言霊と日本語』（筑摩書房、二〇二〇年）を参照している。なお、堂山英次郎は、二〇一八年二月二二日に大正大学綜合仏教研究所で行われた公開講座において、日本の言霊思想とインドのブラフマンの思想を比較する試みをなしているが（「ことばは世界をどう動かしたか——古代インドの「言霊」」）、この発表原稿はまだ公にはされていない。

[57]後藤敏文「古代インド文献に見る天空地」（篠田知和基［編］『天空の神話——風と鳥と星』楽瑯書院、二〇〇九年）一二四〜一二五頁。

[58]吉水清孝「中世初期における仏教思想の再形成——言語の理論をめぐるバラモン教学との対立」（高崎直道［監修］、桂紹隆・斎藤明・下田正弘・末木文美士［編］『シリーズ大乗仏教2——大乗仏教の誕生』春秋社、二〇一一年）二五五頁。
　近年の学界の成果や比較思想の視点をふんだんに盛り込みながら、ダルマキールティのそれを中心として仏教哲学の中枢を一般向けにわかりやすく論じた好著が最近出版されているので、これを機に紹介しておこう。護山真也『仏教哲学序説』（ぷねうま舎、二〇二一年）である。正誤表がhttps://www.shinshu-u.ac.jp/faculty/arts/prof/moriyama_1/4a3229deb641bf5bca04fcb7e62d2bd.pdfに公開されている（二〇二一年六月二五日に閲覧）。

[59]マーガレット・トマス（中島平三［総監訳］、瀬田幸人・田子内健介［監訳］）『ことばの思想家50人——重要人物からみる言語学史』（朝倉書店、二〇一六年）七九頁。

[60]この論考に対してはいくつかの和訳が出版されているが、それらのうち宮谷尚美［訳］『言語起源論』（講談社、二〇一七年）が現在最も入手しやすいと思われる。

[61]以上のチョムスキーの考えについては、トマス前掲書、二四四〜二四六頁を参照した。

[62]このバベルの塔の話については、関根正雄［訳］『旧約聖書　創世記』（岩波書店、一九六七年）三二頁で和訳を読むことができる。

[63]馬場紀寿「上座部大寺派のパーリ語主義」（『パーリ学仏教文化学』二〇一五年）三六〜三七頁。

[64]Geldner, K. F., *Der Rig-Veda: Aus dem Sanskrit ins Deutsche übersetzt und mit einem laufenden Kommentar versehen*, 3 bde., Harvard University Press, 1951, I, p. 236.

[65] Brereton, J. P., "Unsounded Speech: Problems in the Interpretation of BU (M) 1.5.10 = BU (K) 1.5.3", *Indo-Iranian Journal* 31, 1988, p. 3.

[66] 大島智靖・西村直子・後藤敏文『GAV——古インド・アーリヤ語文献における牛』(総合地球環境学研究所、二〇一二年)は、サンスクリット文献に現れる「牛」に関わる語彙集であり、インドにおける牛に関する概説や論考も付されている。

【第1章】

[1] 西本美彦「タブーと言語（1）」(『ドイツ文學研究』一九九九年)一六頁。

[2] 原文と翻訳は高橋輝和［編訳］『古期ドイツ語作品集成』(溪水社、二〇〇三年)九四〜九五頁による。

[3] ここに挙げる和訳は、日本印度学仏教学会第六八回学術大会（花園大学、二〇一七年)にて後藤敏文が発表原稿「呪法の流れ」の中で提示したものに基づく。ただし、本書用に筆者が手を加えた部分もあることを断っておく。筆者が知る限りこの発表原稿は未出版である。

[4] 関根正雄［訳］『旧約聖書 創世記』(岩波書店、一九六七年)九〜一一頁にて和訳を見ることができる。

[5] 大槻春彦［訳］『人間知性論（三）』(岩波書店、一九七六年)八四頁及び古茂田宏［訳］『人間認識起源論（上）』(岩波書店、一九九四年)七八頁。

[6] 永嶋哲也・周藤多紀「中世の言語哲学」(神崎繁・熊野純彦・鈴木泉［編］『西洋哲学史II——「知」の変貌・「信」の階梯』二〇一一年)一五七頁。

[7] 伊原照蓮「印度に於ける言語観変遷の一様相」(『印度學佛教學研究』一九五二年)一七三〜一七四頁。

[8] たとえば松村一男『神話学入門』(講談社、二〇一九年)八〜一〇頁に、専門家の立場から神話というものの定義がなされている。興味のある方はご一読されたい。

[9] こちらの物語については、同じく後藤敏文による「宇宙を操る祭式——ブラーフマナ」(上村勝彦・宮本啓一［編］『インドの夢・インドの愛——サンスクリットアンソロジー』春秋社、一九九四年)にも収録されている（四九〜五〇頁)。

[10] 祭式中に象徴的に行われる戦車競争について比較的詳しく書かれているもののうち、日本語で読めるものとしては、坪田さより「ヴァージャペーヤ祭における戦車競走儀礼の諸相——Vādhūla-Śrautasūtra新写本に基づいて」(『待兼山論叢』二〇二〇年)がある。ただし、これは専門性の高い学術論文であるため、専門外の方が読んでも理解が難しい部分が多いかもしれない。

[11] 岡田泰介「戦車競走 古代オリンピックの華」(桜井万里子・橋場弦［編］『古代オリンピック』岩波書店、二〇〇四年)一三八頁。

[12] 松平千秋［訳］『ホメロス イリアス（下）』(岩波書店、一九九二年)三四六〜三六四頁にて和訳を読むことができる。

[13]たとえば堂山英次郎『リグヴェーダにおける一人称接続法の研究』(大阪大学大学院文学研究科紀要・モノグラフ編第四五巻-二、二〇〇五年)二九四頁に挙がる『リグ・ヴェーダ』八・六〇・一二を見られたい。
[14]『大説話』についての詳細を知ることができる日本語の書物が近年出版されている。土田龍太郎『大説話 ブリハットカター』(中央公論新社、二〇一七年)である。
[15]サンスクリット文学においてそれぞれの音がどのような印象を醸し出すものとして使われるのかという点については、世界的に見てもまだ体系的な研究は現れていない。一方で、個別的な事例研究は存在する。日本語で読めるものとしては横地優子「サンスクリット詩の理解に向けて」(水野善文［編］『多言語社会における文学の歴史的展開と現在：インド文学を事例として』二〇〇八年)や川村悠人「詩と文法」(水野善文［編］『南アジア多言語社会における複合文化のなかの文学伝承』二〇一九年)がある。
[16]当該箇所に設定されるsa herṣyur āsaという読みについては辻直四郎『古代インドの説話――ブラーフマナ文献より』六七頁、訳注一を参照されたい。
[17]沖田瑞穂「呪術師ウシャナス」(『マハーバーラタ、聖性と戦闘と豊穣』みずき書林、二〇二〇年)の中で、『マハーバーラタ』に現れる呪術師ウシャナス・カーヴィヤの特徴が考察されている。
[18]辻直四郎［訳］『リグ・ヴェーダ讃歌』(岩波書店、一九七〇年)一一七〜一二〇頁で『リグ・ヴェーダ』四・二六と二七に対する解説と和訳を見ることができる。
[19]ただし、『古エッダ』でオーズレリルが詩の蜜酒を指しているのに対し、スノッリの『新エッダ』ではオーズレリルは詩の蜜酒を入れた鍋の名前になっている。
[20]谷口幸男［訳］『エッダ――古代北欧歌謡集』(新潮社、一九七三年)三九頁。
[21]『ジャイミニーヤ梵書』では「群勢を」にあたる単語はvṛjanāという対格複数形であるが、もとの『リグ・ヴェーダ』ではvṛjánamという対格単数形が用いられている。
[22]『北斗の拳』(集英社、一九九七年)第二巻。
[23]ここから次章にかけて見ることになる「歌う存在としてのインドラ」や「誰かに歌われた上で歌う存在としてのインドラ」については、第五回ヴェーダ文献研究会(国際仏教学大学院大学、二〇一五年)で堂山英次郎が配布した発表原稿「インドラが歌う」を大いに参照している。筆者が知る限り、同資料は未出版である。

【第2章】
[1]原実『古代インドの苦行』(春秋社、一九七九年)二三八頁。

[2]ことばの力と息の関係については井筒俊彦（安藤礼二［監訳］／小野純一［訳］）『言語と呪術』（慶應義塾大学出版会、二〇一八年）の第三章で詳しく扱われている。
[3]同右、二一五〜二一六頁。
[4]竹崎隆太郎「リグヴェーダにおける表現「心臓において（L.）貫く（√vyadh）」とその意味的展開」（『インド哲学仏教学研究』二〇一七年）は、『リグ・ヴェーダ』に現れる定型表現「心臓において貫く」を考察している。
[5]翻訳は井狩弥介・渡瀬信之［訳］『ヤージュニャヴァルキヤ法典』（平凡社、二〇〇二年）一一二〜一一三頁による。
[6]川村悠人「手足で待ちかまえる女根たちと征服する男根たち」（木村武史［編］『性愛と暴力の神話学』晶文社、二〇二二年）。
[7]後藤敏文「古代インドイランの宗教から見た一神教」（『一神教の学際的研究――文明の共存と安全保障の視点から』二〇〇七年）九二頁及び同「古代インドの祭式概観――形式・構成・原理」（中谷英明他［編］『総合人間学叢書 第3巻』二〇〇八年）六一頁。
[8]古典詩を材料としてインドの性愛文化を一般向けに紹介する良書として、松山俊太郎『インドのエロス――詩の語る愛欲の世界』（白順社、一九九二年）がある。
[9]実際の文献中でなされるメドゥーサの描写については高津春繁『ギリシア・ローマ神話辞典』（岩波書店、一九六〇年）一二七頁を参照した。
[10]同右、二五一頁。
[11]後藤敏史「インド・ヨーロッパ語族――概観と人類史理解へ向けての課題点検」（『ミニシンポジウム：ユーラシア言語史の現在 2004. 7. 3-4 報告書 上』二〇〇五年）七〇頁。
[12]たとえば『リグ・ヴェーダ』七・三三・四。
[13]堂山英次郎『リグヴェーダにおける一人称接続法の研究』（大阪大学大学院文学研究科紀要・モノグラフ編第四五巻ー二、二〇〇五年）一六四〜一六五頁。
[14]辻直四郎［訳］『リグ・ヴェーダ讃歌』（岩波書店、一九七〇年）二八九〜二九一頁。
[15]辻直四郎『古代インドの説話――ブラーフマナ文献より』三五〜三六頁。
[16]翻訳は野矢茂樹［訳］『論理哲学論考』（岩波書店、二〇〇三年）一四二頁による。
[17]翻訳は落合太郎［訳］『方法序説』（岩波書店、一九五三年）四九頁による。
[18]『北斗の拳』（集英社、一九九八年）第九巻〜第一〇巻。
[19]『リグ・ヴェーダ』七・八八については後藤敏文「『リグヴェーダ』を読む――ヴァスィシュタとヴァルゥナ」（『真宗文化』二〇一三年）の中で日本語による詳しい解説を読むことができる。

[20]堀川真希『高天の原神アマテラスの研究』(溪水社、二〇一一年)八五頁。
[21] Witzel, M., "Vala and Iwato: The Myth of the Hidden Sun in India, Japan, and beyond", *Electronic Journal of Vedic Studies* 12 (1), 2005, pp.1-69.
[22]和訳は山口佳紀・神野志隆光［校注・訳］『古事記――新編日本古典文学全集』(小学館、一九九七年)、六五～六六頁による。
[23]和訳は、同右、六五頁による。
[24]和訳は鈴木佳秀［訳］『旧約聖書Ⅳ ヨシュア記　士師記』(岩波書店、一九九八年)二二一～二二三頁による。
[25]和訳は同右、二五頁による。
[26]同右、二三～二四頁。
[27]翻訳は藤山・横地前掲書、二一一頁による。
[28]川村悠人「初期文法学派のダルマ論序――日常世界と祭式世界における知行」(『比較論理学研究』二〇一七年)、川村悠人「バットージディークシタの祭事哲学――文法学派ダルマ論のヴェーダ思想による裏づけと権威づけ」(『比較論理学研究』二〇一八年)。
[29]『ラーマーヤナ』については中村了昭による原典完訳が出ている。全七巻からなる『新訳 ラーマーヤナ』(平凡社、二〇一二～二〇一三年)である。この大叙事詩のすべてを日本語で読むことが可能なのである。
[30]より詳しく知りたい方は川村悠人「汚土に咲く花は美しいか――文法性の保守と詩的装飾のジレンマ」(『哲学』[広島哲学会]二〇一六年)を参照されたい。

【第3章】

[1]谷沢淳三「2. インドの意味論における固有名」『岩波 哲学・思想事典』(岩波書店、一九九八年)。同じく谷沢による「パーニニ文法学派の固有名論と〈フレーゲのパズル〉」(『信州大学人文科学論集』一九九九年)もインド哲学における固有名論を扱ったものであり、こちらはweb上でダウンロード可能である。
[2]和訳は渡瀬信之［訳］『サンスクリット原典全訳 マヌ法典』(中央公論社、一九九一年)四五～四六頁による。この中公文庫版は現在絶版かと思うが、東洋文庫版として再刊されたものを入手することができる。この東洋文庫版では訳者の手によって訳文と訳注の一部が改訂されている。
[3]『BLEACH』(ブリーチ)(集英社、二〇一五年)第六七巻。
[4]和訳はJ・K・ローリング（松岡佑子［訳］)『ハリー・ポッターと賢者の石』〈携帯版〉(静山社、二〇〇三年)八四～八五頁による。

[5]『BLEACH』(ブリーチ)(集英社、二〇一五年)第六七巻。

[6]和訳はE・A・ウォーリス・バッジ(石上玄一郎・加藤富貴子[訳])『古代エジプトの魔術——生と死の秘儀』(平河出版社、一九八二年)一八三頁による。

[7]諫山創『進撃の巨人』(講談社、二〇一九年)第三〇巻。

[8]初版『グリム童話』における物語の全体は吉原素子・吉原高志[訳]『初版グリム童話集2』(白水社、一九九七年)六〇〜七二頁にて読むことができる。

[9]物語の説明は内田杉彦「古代エジプトの神話と呪術」(『明倫短期大学紀要』二〇一七年)三二頁から引用したものである。古代エジプトにおける名前と実体の同一視及び名前を知ることで対象を支配するという考えについては、バッジ前掲書、第五章「魔力ある名前」も参考になろう。

[10]本村凌二『多神教と一神教——古代地中海世界の宗教ドラマ』(岩波書店、二〇〇五年)五五〜五七頁。

[11]訳文は谷口幸男[訳]『エッダ——古代北欧歌謡集』(新潮社、一九七三年)六九〜七〇頁による。

[12]初版『グリム童話』における物語の全体は吉原素子・吉原高志[訳]、前掲書、七六〜七八頁にて読むことができる。

[13]佐佐木隆『言霊とは何か——古代日本人の信仰を読み解く』(中央公論新社、二〇一三年)一八九〜一九〇頁。

[14]三浦佑之『読み解き古事記　神話篇』(朝日新聞出版、二〇二〇年)一〇九頁。

[15]J・G・フレイザー(青江舜二郎[訳])『火の起原の神話』(筑摩書房、二〇〇九年)。古代インドにおける火の起源神話については第一六章で扱われている。

[16]祭儀書文献でなされる通俗語源については永ノ尾信悟「古代インド祭式文献における語呂合わせの意味」(『民博通信』一九八五年)が詳しく扱っている。

[17]川村悠人『神の名の語源学』(溪水社、二〇二一年)の序章にて、そのような語源説明のいくつかが扱われている。

[18]西村直子『放牧と敷き草刈り——Yajurveda-Saṁhitā冒頭のmantra集成とそのbrāhmaṇaの研究』(東北大学出版会、二〇〇六年)一五五頁にて和訳を見ることができる。

[19]『リグ・ヴェーダ』一〇・一一〇・九。

[20]『リグ・ヴェーダ』三・四八・四。

[21]『リグ・ヴェーダ』一・三二・二。

[22]相良守峯[訳]『ファウスト 第一部』(岩波書店、一九五八年)、四〇頁。なおゲーテの『ファウスト』は、インド学者の間では、古典期インドの詩聖カーリダーサ(四世紀〜五世紀)の戯曲『シャクンタラー姫』から「舞台の前曲」を倣ったものとして有名である。このカーリダーサの戯曲は辻直四郎[訳]『シャクンタラー姫』(岩波書店、一九七七年)を通じて日本

語で読むことができる。

[23]『リグ・ヴェーダ』一・三二・六、一・三二・一〇。

[24]窪薗春夫「名前の言語構造」(『月刊言語』大修館書店、二〇〇五年)六一～六二頁。

[25] Gonda, J., *Notes on Names and the Name of God in Ancient India*, North-Holland Publishing Company, 1970, pp. 10-11.

[26]この蘽を使った表現について詳細は川村悠人『バッティの美文詩研究――サンスクリット宮廷文学とパーニニ文法学』(法藏館、二〇一七年)第四章にて扱われている。

あとがき

この本は、晶文社さんから刊行されるシリーズ神話叢書の一部をなすもので、古代インドの神話を主な対象としています。

本来、この叢書は木村武史先生、山田仁史先生、沖田瑞穂先生が世話人を務めていた神話学研究会（https://comparativemythology.jimdofree.com）の成果として刊行される予定のものでした。しかし、山田仁史先生の悔やまれる急逝（二〇二一年一月）のために、現在は山田先生の代わりに田澤恵子先生が加わり、さらには恐縮ながら私もその末席を汚すことになりました。その結果、現在は計四人を世話人としてさらなる発展を目指す研究組織となっています。この叢書の一部をなす書を私が執筆させていただくことになった経緯について、本書の最後に述べておきたいと思います。

ある研究会でお会いした沖田瑞穂先生とのご縁から、二〇二〇年に幸運にも本研究会へお誘いいただきました。それ以降、研究発表の場には必ず参加し、私自身も古代インドの神話を扱う発表を幾度かさせていただいました。その結果かどうかはわかりませんが、ともかくも先生方の知遇を得るに至ったようでして、本研究会が計画中の神話学叢書の一翼を担う本の執筆を担当してほしいと先生方から依頼を受けました。

私の専門領域はサンスクリット文献学であり、古代・中世インドで著されたサンスクリット文献群の読解と思想の発掘を日々行っています。執筆の依頼を受けた本は神話学叢書の一部をなすものですから、それを私が担当するのなら、古代・中世インドの何かしらの神話を扱うことになるのですが、その中でも、世にあまり知られておらず参照できる文献が限られているヴェーダ神話を取りあげてほしいという旨を知らされました。一書の執筆を依頼されるという光栄に浴することは初めてでして、身にあまることだったのですが、私自身の成長と私が携わる学問の普及のために、という想いで執筆を引き受けました。

このような機会を与えてくださった木村武史、山田仁史、沖田瑞穂の各先生方、そして出版を引き受けてくださった晶文社さんに、ここで改めて心より謝意を表したいと思います。木村武史、沖田瑞穂、田澤恵子の各先生方と編集担当の江坂祐輔さんからは、本書の題名、構成やことば遣い、さらには中身に至るまで、有益な助言の数々をいただきました。専門知を一般の方々へわかりやすく伝えていくというこの叢書の目的の一つを、本書がなんとか達成できていることを祈るばかりです。

最初は、安易な気持ちで執筆を引き受けました。しかし引き受けたはよいものの、私の最も得意とする領域はサンスクリット古典文法学の言語理論でありまして、その方面でならばすぐに何かを用意することはできたのですが、これまで専門的に神話研究をしてきたわけではない私が、読者を満足させる神話の本を書きあげることができるのだろうかという一抹の不安は残りました。

しかも執筆のために設けられた期間はおよそ一年半であり、日々の学務と子育てをこなしながら、世間の審美にさらされても恥ずかしくない本をこの短期間のうちに仕上げられるのだろうか。ヴェーダ神話といってもその中身は多様であり、それらを何の基準も設けずに紹介するだけでは雑多なものの寄せ集めである感を与えるだけになりかねず、読者の方々に強い印象を残すことはできないのではないか。このような危惧もありました。

そこで熟考しました結果、読者の方々にとって面白いであろうと私が勝手に判断した神話を無造作に選ぶのではなく、私にとって興味をそそる神話を一つの統一的な主題のもとに選定して紹介、考察するという方法が最善であるという考えに至りました。それは、物語の中でことばの力や名の力が一定の役割を演じている神話でした。

これまでことばに関わる思想や神話の全般に興味があったため、その方面での諸資料はすでに手元に集まっており、私自身の研究の蓄積もありました。これらを最大限に利用する形で執筆を進めれば、なにかと忙しい中でも短い期間内に執筆が可能であり、かつ私なりの色を出すこともできると考えたのです。しかも、「ことばの力、名の力」という主題で本を貫くことによって、内容に統一感を与え、ある一つの事柄について読者の方々の知的な好奇心を強く喚起することもできるのではないかと。そして何より、私自身が最も関心のある事柄を扱うのですから、自然とことばにも熱がこもり、歯ごたえのある一書となることを期待しました。本書の中に、読者の方々にとって少しでも心の琴線に触れる部分があることを願います。

私が本格的にヴェーダ学の修練を開始したのは二〇一五年四月に日本学術振興会特別研究員として京都大学文学研究科で研鑽を積みはじめた時です。その時から今に至るまで、国内外を問わずヴェーダ学を学ぶ多くの機会に恵まれたのですが、やはり、初めてその世界に足を踏み入れて集中的に勉学に励んでいた京都大学時代の三年間（二〇一五年四月から二〇一八年三月）は大変貴重なものであったと今でも思います。

京都で過ごした三年の間、ヴェーダ文献の講読を通じ、私にヴェーダ学の真髄を示して新たな地平を開いてくださったウェルナー・クノーブル、堂山英次郎、藤井正人の各先生に、そして、受け入れ研究者として私のサンスクリット学を高めていくためのご指導を親身になってしてくださった横地優子先生に、衷心より感謝したいと思います。また、本書を執筆していく過程において、私のお願いに対して懇切丁寧に対応していただいた天野恭子、小林正人、坂水貴司、坪田さより、堂山英次郎、馬場紀寿、護山真也、山崎一穂の各先生にも奉謝いたします。とりわけ、ヴェーダ語原典と照合しながら本書全体を精読して数々の建設的な意見をくださった堂山英次郎先生への感謝の気持ちは、ことばで言い表わすことができません。

ここまでお読みいただいてありがとうございました。これに満足せず、日々精進していきたいと思います。

二〇二二年吉日

川村悠人

【著者について】

川村悠人（かわむら・ゆうと）

1986年生まれ。広島大学人間社会科学研究科准教授。2014年、広島大学大学院文学研究科博士課程後期修了。専門は古代中世インドにおける言語と思想の研究。
著書に『バッティの美文詩研究―サンスクリット宮廷文学とパーニニ文法学』（法藏館、2017年）、『神の名の語源学』（溪水社、2021年）、*The Kāraka Theory Embodied in the Rāma Story: A Sanskrit Textbook in Medieval India*, foreword by George Cardona, D.K.Printworld, 2018がある。

ことばと呪力《じゅりょく》――ヴェーダ神話を解く

2022年5月30日　初版

著者　　川村悠人

発行者　　株式会社晶文社
〒101-0051　東京都千代田区神田神保町1-11
電話　03-3518-4940（代表）・4942（編集）
URL　http://www.shobunsha.co.jp

印刷・製本　株式会社 太平印刷社

ISBN978-4-7949-7314-6 Printed in Japan